Gustav Buchal · Silke Keil · Johann Scheibner

Eine kulinarische
Entdeckungsreise

im Dreiländereck zwischen
Freiburg, Basel und Colmar

UMSCHAU :

Maiglöckchenkönigin aus Neuf-Brisach

Die Zahlen in der Karte sind identisch mit den Seitenzahlen der einzelnen Betriebe in diesem Buch und bezeichnen ihre Lage.

INHALT

Verfloge isch de Sommerwind,
der lau und Lind
vom Blumenbeet uns Roseduft in d' Nase g'weht.
Wie gern wirft m'r e Blick noch z'rück
uf jüngst erlebtes Ferie-Glück
un spürt de Duft vu Saftmelone,
vu Parmaschinke, vu Zitrone,
vu Rosmarin und Thymian –
Lavendel, der's uns angetan.
Der Wohlgeruch vu Pfirsichbowle,
die m'r selber ganz perfekt
un für jedermann zum Wohle
a'gsetzt hen mit Win un Sekt
für's Gartefescht uf de Terrasse,
stigt wohlig einem noch in d' Nase.

Noch in Gedanke bi prickelnd frischer Sommerkost
Steht uf'm Tisch e Krueg mit Most.
Statt Duft von Heu, frisch g'maihtem Gras
Lit Kellerduft jetz' in de Nas'.
Der schwere Duft vu Most und Maische
Duet jetz de Platz für sich erheische.
S'ganz Dorf schmeckt bal' noch Neuem Süessem,
noch Kretzer oder Federwissem;
un zum Aroma-Rendez-vous
g'sellt Zwiebelewaihe sich dezue.
Nit lang, no sin die Herbst-Duftnote
Verfloge wie de Summer-Traum,
un köstlich duftende Sendboten
der Wihnachtszit steh'n dann im Raum.
Nebe Nelke isch's de Zimt,
der d' Regie jetzt übernimmt.
Zvorderst stoht er in Regale
In ganzer Stange oder g'mahle.
Als Würzzutat bi Linzertorte,
Wihnachtsbrötli aller Sorte
Un bi heiße Würzgetränke
Isch er garnit wegzuedenke.

Küm isch d'Brötli-Dose leer,
im Jänner – Februar ungfähr
no luegt m'r in Großmueder's Buechli
noch'm Rezept vu Fansnet-Kuechli.

Guet, dass es zue jed're Johreszit
in Baden b'sundre Sache git ...

der Kaiserstuhl

DER KAISERSTUHL – „DIE KÜCHE DES BACCHUS"

Der Kaiserstuhl ist ein Erlebnis ganz besonderer Art. Weder Schwarzwald noch Vogesen haben Teil an ihm, obschon sie seine große Nachbarn im Osten und Westen sind. Wer ihn gar mit dem im Süden anschließenden Markgräfler Land in Verbindung bringt, erntet wenig freundliche Mienen auf den Gesichtern stolzer Kaiserstühler. Ihre Heimat ist vulkanischen Ursprungs und erhebt sich wie eine Insel aus der Oberrheinebene. Zugleich ist es das sonnenreichste Gebiet der Republik, ein Rebengebirge, das, dank den Vorzügen des fruchtbaren Lößbodens, Kraft und Grundlagen für erstklassige Weine schafft. Wer könnte sich der Stimmung dieser Landschaft entziehen, in der Heiteres, Gelöstes, Schwermütiges, Intimes und Erhabenes sich auf einzigartige Weise verbindet?

Ein Geheimnis mag in der Geschichte des Kaiserstuhls und seiner Entstehung selbst begründet liegen. Drei vulkanische Ausbruchsphasen haben das Gebirge geprägt. Die Eigenart des wie geschoren wirkenden Kaiserstuhls resultiert aus 15 Millionen Jahren erdgeschichtlicher Entwicklung. Beeinflusst durch das Absinken des Oberrheingrabens und der in der Gegenbewegung sich auftürmenden Randgebirge, haben den Kaiserstuhl und seine in vielfältiger Ausprägung vorhandenen Gesteine für Geologen und Mineralogen zu einem Studienobjekt ersten Ranges werden lassen. In der Eiszeit schmolz das ehedem weit mäch-

tigere Bergmassiv durch Abtragung schon beträchtlich. In dieser Zeit hat auch eine heute noch bis zu dreißig Meter dicke Lößschicht den vulkanischen Kern des Gebirges umschlossen.

In seiner weitesten Ausdehnung von Südwesten bei Ihringen bis zum Riegeler Michaelsberg im Nordosten ist der Kaiserstuhl 16 Kilometer lang. Er verdankt seinen Namen vermutlich der Tatsache, dass hier früher eine Urteils- und Gerichtsstätte von Kaiser Rudolf I. von Habsburg (1218-1291) war.

Vorher schon tummelten sich die Römer auf dem Vulkangestein. Erst versuchte Kaiser Augustus von Frankreich her kommend über den Rhein zu setzen.

Später gelang es dann Kaiser Claudius bei

Fastnacht in Ending

Sasbach; im Gepäck herrliche Rebstöcke – nehmen wir heute an. Aktenkundig wird der Weinanbau nämlich erst um 769. Richtig berühmt wurden die Kaiserstühler Weine ab dem 16. Jahrhundert, als der Feldobrist Lazarus von Schwendi (der personifizierte Kaiserstühler schlechthin, will man Franz Keller diese Ehre nicht zuteil werden lassen) die Tokaierrebe aus den Türkenkriegen mitbrachte und in seiner Heimat anpflanzen ließ.

Der Kaiserstuhl ist das größte (und wohl auch bedeutendste) Weinanbaugebiet Badens. Auf über 4500 Hektar, dies entspricht einem Viertel der gesamten in Baden zur Verfügung stehenden Fläche, werden heute vor allem Silvaner, Müller-Thurgau und Burgundersorten angebaut. Vor allem letz-

tere zählen mit ihrem gehaltvollen und mineralischen Charakter zu den begehrtesten Weinen. Mehr als die Hälfte der Fläche ist dem Anbau ihrer Reben gewidmet.

Daneben finden sich natürlich auch andere Rebsorten wie Muskateller, Kerner, Auxerrois, Scheurebe, Riesling und seit wenigen Jahren auch der Chardonnay.

Als einziges Weinbaugebiet Deutschlands hat sich Baden dazu verpflichtet, höhere Ausgangsmostgewichte zu garantieren. Dadurch wird eine Mindestqualität sichergestellt, die sowohl den einfachen Landwein erlaubt als auch international ausgezeichnete Spitzengewächse. Am stärksten aber mag die Leistung vieler Kaiserstühler Winzergenerationen beeindrucken, die die gewaltigen und für das Landschaftsbild so

typischen Weinterrassen gebaut und erhalten haben.

Erklärtes Ziel dieser nicht immer kritiklos hingenommenen Anstrengungen ist der Erhalt des für den Weinbau wichtigen Lößbodens. Aus ihm und anderem vulkanischen Gestein saugt der Kaiserstühler Wein die Kraft, ein wuchtiger und feuriger Wein mit wildem Temperament zu werden. Gerade an kühleren Tagen profitiert er nämlich von der Fähigkeit des Gesteins, Sonnenstrahlen als Wärme zu speichern. Alles nur, um letztlich als „die Küche des Bacchus" in die Geschichte einzugehen.

Breisach

GASTHOF „SCHWARZER ADLER"

Gasthof „Schwarzer Adler"
Familie Franz Keller

D-79235 Vogtsburg-Oberbergen

Telefon: 00 49 (0) 76 62/93 30-10
Telefax: 00 49 (0) 76 62/719

Ruhetage: Mittwoch und Donnerstag

𝔙iele schöne Dinge verbergen sich oftmals hinter unscheinbaren Mauern. Erst bei genauerem Hinsehen entfaltet sich das Wahrhaftige vor den Augen des interessierten Betrachters – ganz so, wie beim Schwarzen Adler in Oberbergen. Selbst wer in gemütlichem Tempo der schmalen Straße von der Autobahn in die sich sanft öffnenden Täler des Kaiserstuhls folgt, reibt sich im ersten Moment verwundert die Augen, angesichts der zunächst bescheiden anmutenden Gemäuer des Gasthofes, dessen Geschichte weit über die Grenzen der Region bekannt ist und dessen Eigentümerfamilie in der Vergangenheit für einiges Aufsehen gesorgt hat. Erstmals Erwähnung fand das Gasthaus Schwarzer Adler im 15. Jahrhundert. In Folge ständiger politischer Turbulenzen und Katastrophen, versank das Haus sukzessive in die wirtschaftliche und gastronomische Bedeutungslosigkeit, aus der es erst im

19. und 20. Jahrhundert erlöst wurde. Schon der erste Wirt und Winzer, der sich nach dem 30-jährigen Krieg im Schwarzen Adler versuchte, hieß Keller und stammte aus der Schweiz. Aber erst in der sechsten Generation gelang dem Vater des heutigen Seniorchefs, Franz Anton Keller, den schon lange verdienten Aufschwung des traditionsreichen Gasthauses und der von seinen Besitzern angebauten Weine einzuleiten. Denn das Schicksal des Schwarzen Adler war und ist seit jeher überaus eng mit dem Erfolg seiner Weine verknüpft. In keinem anderen, dem Autoren bekannten, Haus wird die Koexistenz von gutem Essen und vorzüglichem Wein so intensiv gelebt wie hier.
Parallel zu dessen florierendem Handel ent-

Seeteufelrücken auf marinierten Tomaten
Für 4 Personen

Zutaten

800 g Seeteufel,
10 reife Tomaten,
2 Schalotten,
1 Knoblauchzehe,
je $^1/_2$ Tl Thymian und Rosmarin,
Olivenöl,
Salz, Pfeffer,
eine Prise Zucker

Zubereitung

Schalotten fein hacken, Tomaten
kurz blanchieren, abziehen, entkernen
und in Würfel schneiden;
die Gewürze ebenso fein hacken,
Schalotten in Olivenöl anschwitzen,
Knoblauch, Thymian und Rosmarin
dazu geben und ebenfalls kurz
anschwitzen;
gewürfelte Tomaten, Salz, Pfeffer
und die Prise Zucker dazugeben und
ca. 10 Min. köcheln lassen;
Seeteufel in gleiche Stücke schneiden,
salzen, pfeffern und in Olivenöl und
Butter goldgelb anbraten;
danach für etwa 15 Min. in den vorgeheizten Ofen geben.
Auf vorgewärmten Tellern und mit
Kartoffeln anrichten.

wickelte sich das Gasthaus und sein Restaurant zu erstaunlicher Blüte.
Sehr früh schon entdeckte Franz Keller die
Bedeutung der Gastronomie für die Bewer-
bung und den Absatz der köstlichen Tropfen, die in eigenen und angemieteten Kel-
lergewölben lagerten. Bereits 1969 erhält
der Schwarze Adler seinen ersten Michelin-
Stern und er hat ihn – was noch weit schwie-
riger ist – bis heute behalten.
Die Philosophie des Hauses, in Generationen gereift und von Franz Keller formuliert,
klingt so einfach und ist doch so schwierig
umzusetzen: „Genüssliches, bekömmliches
Essen und dazu köstliche, aber verdaulich
wirkende Weine". In dieser Tradition wirkt
der seit nun fast drei Jahrzehnten im Hause
wirkende Küchenchef Anibal Strubinger fort.
Zeitgeistigen Verführungen zu zwanghafter
Kreativität hat man im Schwarzen Adler
stets widerstanden. Eine intakte Geschmacks-

physiologie ist wichtiger als jede überflüs-
sige optische Effekthascherei. Das vertrüge
sich wohl auch nicht mit dem alemanni-
schen Verständnis von Küchenkultur, wie
sie hier entscheidend geprägt wurde.

WEINGUT „SCHWARZER ADLER"

Weingut „Schwarzer Adler"
Familie Franz Keller

D-79235 Vogtsburg-Oberbergen

Telefon: 00 49 (0) 76 62/93 30-0
Telefax: 00 49 (0) 76 62/719

„Nomen est omen" gilt für den Kaiserstuhl und seine Weine wahrscheinlich nirgendwo besser als im Weingut Franz Keller. Verfügen bislang selbst ansehnliche und erstklassige Häuser rund um den Globus über wohlsortierte Keller mit feinen Tropfen, wird dies alles im privaten Weingut der Familie Keller in Oberbergen noch übertroffen – an Quantität wie selbstverständlich auch an Qualität.

Drei Stollen hat die Winzerfamilie vor nicht allzu langer Zeit in den Berg vis à vis des voran beschriebenen Gasthauses „Schwarzer Adler" treiben lassen. Der für den Kaiserstuhl typische Lößboden lässt in den über einhundert Meter langen und turmhohen Gängen einen weichen, dunklen Pilz sprießen, der für eine natürliche Klimatisierung innerhalb der Stollen sorgt: beste Voraussetzungen zur Lagerung feinster Weine. Ein kleines Vermögen liegt nun dort, ein pekunäres auch, noch mehr aber eines reich an eigenen an- und ausgebauten Weinen, wie solchen aus dem benachbarten Frankreich, Italien, Spanien und der Neuen Welt. Mindestens zwei Jahre reifen die Tropfen unter Tage, bevor sie mit viel Erfolg in alle

Welt verkauft werden. Der Im- und Export dieser exklusiven Rebsäfte ist zum Wahrzeichen einer gesamten Region geworden und trägt den Namen des Weingutes Franz Keller. Die Bestrebungen politisch gewollter und realisierter Genossenschaften in den 60er Jahren, beim Weinausbau ausschließlich auf die Menge und nicht auf die Qualität zu achten, ließen den Senior Franz Keller fast verzweifeln. Als „Rebell vom Kaiserstuhl" ist er in die Annalen der hiesigen Weingeschichtsschreibung eingegangen, weil er die Maxime von der Reduktion des Traubenertrags frühzeitig erkannt und gegen alle Widerstände durchgesetzt hat. Die Weinfachschrift Vinum schreibt dazu: „Die Weine der Kellers werden durchgegoren, besondere Qualitäten wie die Selectionsweine im Barrique ausgebaut. Eine klar herausgearbeitete Frucht und ein dezenter Holzeinsatz zeichnen sie aus. Gerne spricht Juniorchef Fritz Keller vom ‚Bauhaus-Wein' und meint damit saubere, klare, ja funktionale Tropfen ohne irritierenden Schnickschnack."

Vogtsburg

WINZERHAUS „REBSTOCK"

Winzerhaus „Rebstock"

Laure und Frédéric Jouffroy

Badbergstraße 232
D-79235 Vogtsburg-Oberbergen

Telefon: 00 49 (0) 76 62/9 40 66
Telefax: 00 49 (0) 76 62/94 93 74

Ruhetage: Montag und Dienstag;
Samstag ab 18.30 Uhr geöffnet

Ist es nicht schön, dass es solch kleine Schmuckkästchen noch gibt ? Gerade etwas mehr als ein halbes Dutzend Tische stehen in der Gaststube des Winzerhauses Rebstock in Vogtsburg-Oberbergen, direkt gegenüber dem „Schwarzen Adler" von Franz Keller. Gegensätzlicher könnten Interieur und Atmosphäre der beiden Gasthäuser nicht sein. Dennoch, oder gerade deswegen passt das Winzerhaus Rebstock in die herrlich raue Landschaft des Kaiserstuhls. Denn in seinen kulinarischen Leistungen ergänzt es jene, die auf der anderen Straßenseite in perfekter, aber eben anderer Art geboten werden. Verantwortlich für die Ausrichtung des Winzerhauses ist das Geschwisterpaar Laure und Frédéric Jouffroy, die das Kommando vor zwei Jahren übernommen haben. Laure, zuständig für den aufmerksamen Service hat ihr Handwerkszeug in der „Sonne" in St. Peter erlernt. Bruder Frédéric, Herrscher über Fisch, Fleisch und Geflügel, köstliche

Sättigungsbeilagen, frische Gemüse und delikate Desserts war zuvor in der Küche des „Drei Könige" in Basel, dem „Hirschen" von Hans P. Steiner in Sulzburg und für das Restaurant „Köhlerstube" in der Traube in Baiersbronn-Tonbach tätig – allesamt Stationen, die sich sehen lassen können. Gleiches trifft nun auch für die kulinarischen Darbietungen zu, die das Paar seinen Gästen im Winzerhaus auftischt. Mit großer Begeisterung und Herz, mit Können und der richtigen Portion Einfallsreichtum sind die beiden bei ihrer Sache. Appetitlich eingedeckte Tische dominieren die heitere Gaststube. Meist bewältigen Laure und Frédéric das Geschäft alleine. Sie umsorgt ihre Gäste mit Charme, Herzlichkeit und großem Wissen um die Wünsche der ihr anvertrauten, hungrigen und durstigen Seelen, während Bruder Frédéric hinter den Kulissen die gute Stimmung durch die Zubereitung frischer Speisen fördert.

Dabei kocht er mit dem, was Region und Jahreszeit bieten. Doch immer fallen ihm Varianten zu scheinbar Bekanntem ein, etwa ein Schwarzwurzelsalat mit Schweinsöhrle, lauwarmer marinierter Kabeljau auf

Türmchen von gebeiztem Lachs mit Gurkencoulis und Maisblinis

Zutaten

1 Lachsfilet, 200 g Dill,
70 g Blattpetersilie, 30 g Schnittlauch,
5 Korianderkörner, 5 Pfefferkörner,
10 Wacholderbeeren, 5 Sternanis,
50 g Salz, 20 g Zucker,
je 1 Orange, Zitrone und Limette (300 ml Saft),
Olivenöl
Für die Gurkencoulis:
2 Gurken,
200 g frisches Basilikum,
2 Zitronen, Salz und Zucker;
250 g Mais, 50 g flüssige Butter,
20 g Mondamin, 1 Ei und 1 Eigelb
Für die Sauce:
je 1 Bd. Petersilie und Schnittlauch,
150 ml kalte Brühe,
4 El Crème fraîche, Saft ¹/2 Zitrone,
Salz, Pfeffer

Zubereitung

Lachs entgräten und parieren, Pfeffer- und Korianderkörner mit den Wacholderbeeren im Mörser zerstoßen, mit den gehackten Kräutern, Salz, Zucker, Zesten, dem Saft und Olivenöl gut vermischen; Die Hautseite des Lachs damit einreiben und in eine flache Form legen; den Rest der Masse dick darauf verteilen; mit Frischhaltefolie abdecken, mit einem Brett beschweren und 24 bis 48 Std. kühlen; die Würzmischung vom Filet abstreifen, unter kaltem Wasser abspülen, trocken tupfen und von der Schwanzspitze in dünne Scheiben schneiden.

Gurken waschen, halbieren und in grobe Stücke schneiden, mit allen Zutaten in einen Mixer zu einer breiigen Masse zerkleinern, in ein Sieb geben und abtropfen lassen; Mais abtropfen lassen und mit allen Zutaten im Mixer zerkleinern; mit einem Löffel durchs Sieb streichen und die Masse anschließend in einer mit Öl erhitzten Pfanne zu kleinen Plätzchen ausbacken. Petersilie und Schnittlauch mit der kalten Brühe mixen, mit Salz und Pfeffer abschmecken und durch ein Sieb passieren; Crème Fraîche und Saft der ¹/2 Zitrone zugeben.

grünem Spargelsalat in Limonenvinaigrette, ein Kalbskopf auf Meerrettichvinaigrette oder ein Cassolette von Kalbsbries. Daneben hat auch das Perlhuhn auf Apfel-Wirsinggemüse mit Traubensauce am Tisch für große Freude gesorgt, vom Lammfilet auf provençalischem Gemüse auf Rosmarinjus und dem gedünsteten Zander mit Basmatireis ganz zu schweigen. Besondere Spezialität ist dem jungen Franzosen, der übrigens in Siegen geboren ist, die heimische Fischsuppe, die Bouillabaise, die nur auf Vorbestellung und ab zwei Personen gefertigt wird. Dieser Anruf lohnt sich!
Für den Appetit zwischendurch empfiehlt sich die abwechslungsreiche Vesperkarte. Die Weinkarte listet rund 100 Positionen und enthält etliche gute und überraschende Kreszenzen, unter anderem der Weingüter Dr. Heger und Franz Keller.

BIOLAND OBSTHOF KIECHLE

Bioland Obsthof Kiechle
Bernd und Silke Kiechle

Schäferstraße 1
D–79227 Mengen

Telefon: 00 49 (0) 76 64 / 53 39
Telefax: 00 49 (0) 76 64 / 59 81 2

Hofverkauf: dienstags und freitags
von 15.30 bis 18.30 Uhr

Ist tatsächlich Biologisches drin, wo „Bio"
darauf steht ? Was macht eigentlich biologischen Anbau von Obst und Gemüse aus
und wer kontrolliert dies alles? Fragen über
Fragen tauchen auf, wenn die Sprache auf
den ökologisch verträglichen Landbau und
seine Produkte kommt. Am besten ist ein
Gespräch mit einem Fachmann, der seit
Jahren macht, wovon andere reden – und
Verbraucher träumen.
Die Kiechles aus Mengen sind selten zu
Hause. Ökologischer Landbau findet eben
nicht im Wohnzimmer, sondern draußen auf
dem Feld statt. Also nichts wie auf den Weg
gemacht und hinaus in die freie Natur. Die
Kiechles sind mit der Landwirtschaft ver-

wurzelt, wie die Obstbäume auf ihren Feldern mit dem Boden, auf dem sie wachsen und gedeihen. Seit 400 Jahren befindet sich ihr Hof, südwestlich von Freiburg und auf halbem Weg ins benachbarte Elsass gelegen, in Familienbesitz. Bis zum 30-jährigen Krieg ist die Familienchronik des Hofes und seiner Familie lückenlos dokumentiert. So ist es logisch, dass der jüngste Spross der Familie in die Fußstapfen seiner Väter getreten ist und eine Ausbildung zum Techniker für Obstbau und -verwertung an der Weinbauschule in Weinsberg absolviert hat. Schon während dieser Zeit keimten erste Bestrebungen im Lande, von bislang herkömmlichen Bewirtschaftungen in der Landwirtschaft abzurücken und stattdessen eine, die Bedürfnisse von Boden und Menschen berücksichtigende, alternative Form zu wählen. Auch Bernd Kiechle gehörte zu den Pionieren jener Zeit. Noch während seiner Ausbildung entschloss er sich, seinen Betrieb biologisch zu führen. Seit 1990 ist er Mitglied und überzeugter Verfechter einer naturnahen Bewirtschaftung landwirtschaftlicher Flächen im Bioland Verbund.

Äpfel unterschiedlichster und geschmacksintensiver Sorten sowie das weiße Gold Badens, der Spargel, bilden die beiden Grundpfeiler des biologischen Landbaus auf dem Obsthof Kiechle. Das ist aber bei weitem noch nicht alles. Beeren aller Couleur werden außerdem jeden Sommer sorgsam gepflückt und genau wie tagesfrisches Sommergemüse und Salate zweimal in der Woche direkt vom Hof verkauft. Täglich sind die Kiechles übrigens auf dem Markt rund um das Freiburger Münster. Besonderes Augenmerk haben die Kiechles zudem auf die Weiterverarbeitung ihrer Produkte gelegt. So finden Früchte zu Marmelade verarbeitet ebenso den Weg ins Einmachglas wie der Liebesapfel, der bei den Kiechles zu einem vollfruchtigen, an geschmacklicher Intensität und Aroma reichen Tomatenmark gegossen wird.

Nicht verschwiegen sei, dass auf dem Hof auch gebrannt wird: „Wässerle" natürlich und Liköre auf Grundlage von Williamsbirnen, Walnüssen und Kirschen beispielsweise.

DAS ELSASS – GENUSS IM ÜBERFLUSS

Eine Fahrt ins Elsass ist wie eine Reise in die Vergangenheit. Die Gipfel der Vogesen zerreißen graue Wolkenteppiche und zaubern majestätische Lichtkaskaden auf ein fruchtbares Land. Satte Farben, sanfte Hügel und verwunschene, mittelalterliche Dörfer prägen das Land am Rhein. Das Labyrinth an Straßen, Rondells, grünen und weißen Schildern ist französisch, doch die Seele des Elsass ist es nicht. Spätestens, wenn man sich verfahren hat, lernt man das alte Elsass kennen. „Pardon, mais est-ce que vous parlez allemand?" In der Regel antwortet Ihnen der Passant mit „Oh, nur ein bisschen" und hilft Ihnen dann in fließendem Deutsch

aus dem Labyrinth. Oder er setzt alle Hebel in Bewegung, um einen geeigneten Lotsen aufzutreiben.

Die Elsässer versprühen eine einladende Herzlichkeit und Spontanität. Das ist nicht selbstverständlich, denn das Tauziehen zwischen deutscher und französischer Vorherrschaft hat ihren Wunsch nach Frieden immer wieder zerschlagen.

Als 1944 nach deutschem Intermezzo das Elsass an Frankreich ging, nahm man den Landsleuten mit der Mundart auch ihre Identität. Deutsch und Elsässerditsch wurden vom Stundenplan gestrichen, und wer seinen Freund Peter nicht mit Pierre ansprach, kassierte eine gehörige Tracht Prügel. Die Kinder lernten schnell Französisch, während sich die ältere Generation mit der Umstellung schwer tat. Die Gute-Nacht-

Geschichte der Großmutter verstaubte im Regal, die Mundart wurde öffentlich verpönt. Die Demütigung lastet noch heute auf den Gemütern der Elsässer, und wer sich den Menschen öffnet, wird in viele persönliche Tragödien eingeweiht.

Die Menschen scheinen den Gram in ihrem Herzen durch Idylle nach außen zu kompensieren. Mit geraniengeschmückten Straßen kämpfen die Villés de fleur um Blumenpunkte. Verspielt bunte Fachwerkhäuser, restaurierte Kirchen, Renaissance-Brunnen, Stadttürme mit Storchennestern und efeuumrankte Innenhöfe buhlen um die Gunst der Touristen. Hölzerne Fischerkähne, altes Werkzeug und traditionelle Keramik erhalten gut sichtbare Ehrenplätze.

Die inzwischen 50 Jahre alte und 170 Kilometer lange elsässische Weinstraße zwi-

Maiglöckchenkönigin aus Neuf-Brisach

Niedermorschwihr

Ferette

schen Marlenheim und Thann wird von vielen als die schönste Europas bezeichnet. Dicke Busse brummen die Hügel hinauf und hinab und spucken jährlich rund 3,5 Millionen Romantikliebhaber bei Weingütern und malerischen Städtchen aus. In Barr, Epfig, Bergheim, Ribeauvillé, Riquewihr oder Kaysersberg haben sich schon viele Damen auf den mittelalterlichen Kopfsteinplastern ihre Pfennigabsätze ruiniert.

Die geschäftigen Elsässer haben eine Lösung gefunden, den Tourismus zu nutzen und gleichzeitig die letzte Bastion ihrer Identität zu halten: die Gastronomie. Im leicht mediterranen Klima gedeihen Reben, Obstbäume, Gemüse und Beeren im Überfluss. „D'r Hans im Schnookeloch hett alles, was'r will...", lautet ein elsässisches Volkslied. Und der Elsässer versteht, aus dem

Überfluss der Produkte vielseitige Köstlichkeiten zu zaubern. Selten fehlen Flammenkuchen, Kougelhopf, Baeckeofen, Güller, Hasepfaffer oder Sürkrüt auf der Speisekarte. In der Regel gehen zartes Fleisch, Gemüse und Wein eine kulinarische Hochzeit ein, die sich über Jahrzehnte bewährt hat.

Aber nicht nur die Gerichte lassen das Gourmet-Herz höher schlagen. Zahlreiche elsässische Erzeugnisse werden mit großer Sorgfalt am hauseigenen Herd hergestellt: Gänse- und Entenleberpastete, Wurst, Rohmilchkäse, Marmelade, Honig, Sauerkraut, Croissants, Schnaps und Wein. Der Preis spielt dabei eine untergeordnete Rolle. Wer bei der Qualität spart, verliert sein Gesicht. Unverkennbar elsässisch sind die edlen Tropfen, die nach alter Winzertradition ihr

fruchtiges Bouquet ausbilden: Sylvaner, Pinot Blanc, Riesling, Muscat, Tokay Pinot Gris, Gewürztraminer und Pinot Noir. Auf über 50 Grand Cru-Lagen werden die Trauben von der Sonne verwöhnt und schmeicheln die Gaumen der Sommelière. Liebe geht bekanntlich durch den Magen, und wer im Elsass einkehrt, wird sich seinem Charme nur schwer entziehen können.

Hirtzbach

Neuf-Brisach

Neuf-Brisach

Die Ill bei Illhaeusern

HOTEL „LE MARÉCHAL" UND RESTAURANT „A L'ECHEVIN"

Charme dieser Epoche. Mitten im pittoresken Altstadtkern Colmars, am malerischen Ufer der Lauch, laden 28 Zimmer und 2 Appartments mit Baldachin- und Himmelbetten zur sanften Ruh. Geschwungene Sessel, schwere Holzkommoden, Stuckdecken und goldumrahmte Spiegel entführen ins 17. Jahrhundert. Liebevolle, barocke Details konkurrieren mit farbintensiven Blumen. Napoleon Bonaparte lässt grüßen, auf einem Gemälde hoch zu Ross.

Turenne würde heute wohl kaum bemerken, dass er sich im Jahrhundert geirrt hätte, wären da nicht die Spuren der Moderne, die dem Gast alle Annehmlichkeiten eines Aufenthalts garantieren: Kabelfernsehen, Telefon, Klimaanlage und Internetanschluss. Besonders komfortabel sind die Bäder mit Mehrstrahlduschen und Whirlpool, die nach einem Stadtrundgang die müden Knochen wieder beleben. Im hauseigenen Restaurant „A l'Echevin" kann sich der Gast an einer exquisiten Küche stärken, die von der Allianz „Chateaux & Hotels de France" mit dem „Bonnes Tables" ausgezeichnet wurde. Thierry Chefdeville kreiert seit 1998 eine Speisekarte, die ihresgleichen sucht. Eine außergewöhnliche Hochzeit feiern nicht nur Steinbutt und Rhabarber, Wolfsbarsch und Ananas. Jedes Gericht ist charakteristisch für das Haus und den Küchenchef, der be-

Hotel „Le Maréchal" und Restaurant „A l'Echevin"
Roland, Marianne und Alexander Bomo

4-6 Place des Six Montagnes Noires
F-68000 Colmar

Telefon: 00 33 (0) 3 89/41 60 32
Telefax: 00 33 (0) 3 89/24 59 40

Vor rund 325 Jahren soll einst Marschall Turenne mit klirrenden Sporen in das gemütliche Fachwerkhaus getreten sein, das als Andenken an seinen prominenten Besuch den Namen „Le Maréchal" trägt. Es war der Beginn der Romantik, der Sehnsucht nach innerer und äußerer Schönheit. Im 4-Sterne-Etablissement „Le Maréchal" von Roland Bomo wohnt noch heute der

Schokoladenträne an Kirschen
Für 6 Personen

Zutaten

7 Eigelb, 225 g Zucker,
500 ml Sahne,
20 cl Kirchwasser,
300 g Zartbitterschokolade,
200 g eingelegte Sauerkirschen,
Saisonale Früchte zum Garnieren,
Rhodoidbänder zum Formen

Zubereitung

reits im „Trois Roi de Bâle" in Mulhouse die Gaumen verwöhnte und sich regelmäßig bei renommierten Köchen inspirieren lässt. So verändert sich die Speisekarte nicht nur mit der Saison, sondern auch mit immer wieder neuen Raffinements Chefdevilles. Frische, regionale Erzeugnisse sind die Farben, mit denen er ansprechende Kunstwerke auf die Teller zaubert. Dabei verraten Gänseleber, Jakobsmuscheln und Münsterkäse seine Liebe zur elsässischen Küche.

Restaurantleiterin Genevieve Fischer sorgt mit guten Weinempfehlungen für den abgerundeten kulinarischen Genuss. Das Restaurant „A l'Echevin" steht an Romantik dem Hotel um nichts nach. Vier gemütliche und unterschiedlich dekorierte Räume zeugen von seiner Entstehung. Gilbert Bomo, der Bruder von Roland, erwarb das Fachwerkhaus 1972 aus privater Hand eines Patriziers. Sukzessiv erweiterte er es mit drei Nachbargebäuden zu einem florierenden Hotel-Restaurant. Als Roland und Marianne Bomo im Januar 2000 das Kleinod für ihren Sohn Alexander übernahmen, gaben sie ihm den letzten Schliff. In den verschachtelten Räumen, am fließenden Wasser zwischen Kerzenschein und Kaminfeuer, findet ein erlebnisreicher Tag in der Kunststadt Colmar einen stilvollen Ausklang.

Eigelb und Zucker in einer Metallschüssel über einem heißen Wasserbad aufschlagen, bis die Masse cremig, aber nicht schaumig, wird. Das Kirschwasser hinzufügen. Die Schokolade schmelzen lassen. Das Rhodoidband in 20 cm lange Stücke schneiden und die Schokolade darauf verteilen. Erst dann wird die dreidimensionale Tränenform zurechtgeschnitten und in den Kühlschrank gestellt. Wenn sie hart ist, die Parfaitmasse hineinfüllen und 2 bis 3 Stunden ins Tiefkühlfach legen. Direkt vor dem Servieren mit Sauerkirschen belegen und den Teller mit saisonalen Früchten garnieren.

Gast wird nicht als Kunde, sondern herzlich als Besucher empfangen. Vor 150 Jahren geschah das noch an einfachen Holztischen. Frédéric und Frédérique, die Großeltern der beiden Brüder, servierten im Wirtshaus „Zum grünen Baum" zünftige Portionen an Wurst und Käse mit Brot, Eintopf, frischen Fischen, Krebsen und Fröschen. Heute werden Delikatessen serviert, an denen sich andere Sternenköche messen – wie Pauls Lachssoufflé, Froschschenkelmousse-

Auberge de l'Ill
Paul, Marc und Jean-Pierre Haeberlin

2, rue de Collonges au Mont-d'Or
F-68970 Illhaeusern

Telefon: 00 33 (0) 3 89/71 89 00
Telefax: 00 33 (0) 3 89/71 82 83

Ruhetage: Montag und Dienstag

Das Elsass ist reich gesegnet mit hervorragenden Küchen. In keiner Region Frankreichs spendiert der Michelin so viele Sterne. Da kann die Orientierung schwer fallen, bedenkt man, dass die meisten kaum mehr als den Großen Wagen am astronomischen Sternenhimmel kennen. Der große Wagen der kulinarischen Hemisphäre ist zweifelsohne die Auberge de l'Ill. Seit die Brüder Paul und Jean-Pierre Haeberlin in den 50er Jahren die Ärmel hochkrempelten, Paul als Koch und Jean-Pierre als Gastronom, hat sich das hervorragende Renommee der Auberge de l'Ill weltweit herumgesprochen. Bereits seit 35 Jahren trägt sie konstant drei Michelin-Sterne. Das Geheimnis ihres Erfolgs? Die Familie Haeberlin arbeitet nicht, um zu leben, sie lebt ihre Arbeit. Das Restaurant, idyllisch am weidenumsäumten Ufer der Ill in gelegen, ist ihre Heimat. Der

line, Gänseleber in Brioche oder Hummer Wladimir. Der Grandseigneur der Sternecuisine selbst schwingt mit seinen 80 Jahren noch den Kochlöffel und komponiert kulinarische Symphonien. Heute dirigiert sein Sohn Marc das 25-köpfige Team an preisgekrönten Köchen und Konditoren. Er ist genauso begnadet wie sein Vater und wurde von der Allianz der weltbesten Restaurants, „Les Grandes Tables du Monde", zum Präsidenten ernannt.

Doch was wäre eine gute Speise ohne korrespondierende Weine. Für sie sorgt Serge Dubs, 1989 ausgezeichnet als „Meilleur Sommelier du Monde", weltbester Sommelier. Mit Sammlerleidenschaft reist er um die ganze Welt, um unentdeckte Kostbarkeiten aufzuspüren. Eine Weinprobe mit ihm ist ein Erlebnis.

Jeder in der Großfamilie Haeberlin ist in der Auberge de l'Ill eingespannt. Pauls Frau Marie ist die gute Seele des Hauses. Sie betreut das Blumenmeer im Garten, dessen Duft das elegante Restaurant durchströmt. Ihre Tochter Danielle greift ihrem Onkel Jean-Pierre bei der Betreuung der Gäste unter die Arme, während ihr Mann Marco

Baumann seit 10 Jahren das zugehörige „Hotel des Berges" führt. Marcs Frau Martine widmet sich verantwortungsvoll den Zahlen.

Vielleicht sind es die familiären Bande, die vor der Eitelkeit vieler Sternenhäuser bewahrte. Die heimelige Atmosphäre wird bei den Haeberlins von keiner falschen Vornehmheit getrübt. Sie ist ungeschminkt fröhlich, und zwischen Jean-Pierres gesammelten Antiquitäten und den Gemälden seines Künstlerfreundes Roger Muhl fühlt man sich als Gast wohlig willkommen.

Lachssoufflé „Auberge de l'Ill"
Für 8 Personen

Zutaten

2 kg frischer Lachs, 150 g Butter, 4 Schalotten, 370 ml Riesling, 250 ml Fischbrühe, 250 ml Sahne, 1/2 Zitrone, Pfeffer, Salz, Muskat, 8 Blätterteig-Fleurons
Für die Farce: 250 g grätenfreies Hechtfleisch, 4 Eier, Salz, Pfeffer, Muskatnuss, 250 ml süße Sahne

Zubereitung

Den Lachs filetieren und in acht Medaillons teilen. Für die Farce das Hechtfleisch zerkleinern und in den Mixer geben. 2 ganze Eier und 2 Eigelb zufügen, salzen, pfeffern und mit einem Hauch von frisch geriebener Muskatnuss würzen. Bei laufendem Mixer die kalte Sahne zugießen. Das Hechtmus wenige Min. im Gefrierfach kalt stellen. Die verbliebenen 2 Eiweiß zum schnittfesten Schnee schlagen, das Hechtmus unterheben. Die Creme hütchenförmig auf die Lachsmedaillons verteilen. Die farcierten Medaillons auf eine mit reichlich Butter gefettete Platte geben, die mit den Schalotten ausgestreut wurde. Riesling und Fischbrühe angießen und die Platte in den Ofen schieben. Bei 180° 15-20 Min. garen. Der Lachs soll nicht ganz durch, das Soufflé darüber aber ganz aufgegangen und fest sein. Die Medaillons auf eine vorgewärmte Servierplatte geben, in den ausgeschalteten Backofen schieben. Den abgegossenen Fond zum Kochen bringen. Die Sahne zugießen und die Sauce reduzieren, bis sie dicklich wird. Vom Feuer nehmen und die restliche Butter, die eiskalt sein muss, nach und nach in Stücken einschwenken. Mit Zitronensaft, Pfeffer und Salz abschmecken. Die Sauce neben den Medaillons auf die Servierplate gießen und mit Blätterteig-Fleurons dekorieren.

HOSTELLERIE ABBAYE „LA POMMERAIE"

**Hostellerie Abbaye
„La Pommeraie"**

Christiane und Pascal Funaro

8, avenue du Maréchal Foch
F-67600 Sélestat

Telefon: 00 33 (0) 388 / 92 07 84
Telefax: 00 33 (0) 388 / 92 08 71

$\mathfrak{W}$ie im Dornröschenschlaf liegt Sélestat wenige Kilometer östlich der Vogesen an der Ill. Vor rund 500 Jahren war „Schlettstatt" ein Humanistenzentrum, heute zeugen nur noch die Bibliothek mit wertvollen Schriften und die Kirchen St-Georges und Ste-Foy von der vergangenen Blüte. Die Hohkönigsburg thront majestätisch auf einem Kegelberg über den Dächern der Häuser. Abgelenkt von den benachbarten Sehenswürdigkeiten wie Affenwald, Adlerhorst oder Storchenhain verirren sich nur wenige Touristen in das gemütliche Sélestat. Wenn sich Dornröschen ihre Schlafstatt hätte aussuchen können, dann wäre ihre Wahl sicherlich auf die Abtei „La Pommeraie" gefallen. Wie ein kleines Traumschlösschen liegt das Gasthaus hinter einem gusseisernen Tor an der Altstadt. Die einstige Zisterzienserabtei wurde vor 12 Jahren zur noblen Herberge umgebaut. Drei Sterne des internationalen Hotelverbands „Relais & Château" garantieren einen wohligen Schlaf. Für Maître Pascal Funaro und seine Frau Christiane ist der Kunde König. Herzlich wird er empfangen und mit allen Annehmlichkeiten eines modernen Hotelbetriebes

umsorgt. Die Maîtresse ist stets zugegen, um die Wünsche der Gäste von den Augen abzulesen. Ihre Tochter Christine spricht fließend deutsch. „Wir möchten unseren Gästen eine Oase der Ruhe und Entspannung bieten", erklärt Christine Funaro. Schillernde Kronleuchter, verschwenderischer Stuck, farbenprächtige Brücken, barocke Ölgemälde und grobe Eichenbalken versprühen einen Charme, dem man sich nur schwer entziehen kann. Wie fürstliche Gemächer sind die Suites eingerichtet, im romantischen Ambiente schläft man unter dem Dachstuhl. Alle 13 Unterkünfte verfügen über ein Badeparadies, das eine zehnköpfige Familie fassen könnte. Geschäftsreisende nehmen oft weite Strecken in Kauf, um in der gemütlichen Abtei zu nächtigen – und zu essen.
Zwei Restaurants bieten ausgewählte Köstlichkeiten. Im Apfelstuebel lassen sich die elsässischen Gerichte wie Baeckeoffe, Rinderhaxe oder Weinsoufflé dinieren. Das Stüble ist stilecht, mit holzvertäfelten Decken und Wänden, Küchenkensterle und freundlichen grünen Holzstühlen. Ein lichter Raum mit Gartenterrasse.
Das große Talent des Sternekochs Jacelyn Destouches wird jedoch besonders im baro-

cken Restaurant le Prieuré auf den Tellern sichtbar. Der zarte Kabeljau auf Endivienblättern schillert im Kerzenschein und wie ein kleines Kunstwerk wird die Gänseleberpastete auf Chutney de fruits serviert. Fisch ist die Spezialität des Hauses. Das ist Tradition, denn Sélestat ist seit jeher eine Hoch-

burg der Fischer. Aber auch die Weinkarte lässt beim Gourmet keine Wünsche offen. Hunderte von erlesenen Tropfen elsässischer, französischer und italienischer Kreszenzen liegen im Weinkeller. La Pommeraie ist nicht nur ein Ort zum Träumen, sondern auch zum Genießen.

Parmentière von Kabeljau an Räucherlachs
Für 4 Personen

Zutaten

800 g Kabeljaufilet,
180 g Räucherlachs
(100 g grobe, 80 g feine Stücke),
600 g festkochende Kartoffeln,
1 Stange Lauch,
1 Grünkohl,
2 rote Zwiebeln,
400 ml Sahne,
100 g Butter,
1/2 Bund Schnittlauch,
Olivenöl, Butter, Salz, Pfeffer

Zubereitung

Kartoffeln schälen, in kleine Würfel schneiden und in Salzwasser bissfest kochen. Zur Seite stellen. Kohl in 4 mm breite Streifen schneiden, 5 Min. in Salzwasser blanchieren und abtropfen lassen. Das Lauchweiß in Röllchen schneiden und in Butter glasig braten. 200 ml Sahne zufügen und bis zur Hälfte der Menge einkochen. Kartoffeln hinzufügen, mit Salz und Pfeffer abschmecken und im Backofen warm stellen. Den Kabeljau in vier gleich große Stücke aufteilen und mit dem Lauchgrün in etwas Wasser und Olivenöl 5 Min. zugedeckt garen. Zwiebeln klein hacken und in etwas Olivenöl glasig braten. Kohl hinzufügen und leicht anbraten. Feine Lachsstücke zugeben und wenige Minuten bei schwacher Hitze weiterbraten lassen. Für die Sauce die groben Lachsstücke und die restliche Sahne cremig einkochen. Den frischen Schnittlauch zufügen. Kartoffeln, Kohl und Kabeljau auf einem Teller anrichten und den Fisch mit der Sauce bedecken.

FERME SCHMITT

Ferme Schmitt
Marlyse und Jean-Paul Schmitt

19, rue du Ried
F-67870 Bischoffsheim

Telefon: 00 33 (0) 3 88 / 50 26 67
Telefax: 00 33 (0) 3 88 / 50 74 87

Ruhetag: Sonntag

*L*ebhaftes Geschnatter begrüßt den Gast der Ferme Schmitt. Rund 3000 Enten und eine Handvoll Gänse genießen die Sonne in Bischoffsheim. In dem Nachbarort von Obernai, zwischen den Ausläufern der Vogesen und den fruchtbaren Niederungen, pulsiert das landwirtschaftliche Leben. Traktoren üben die Autofahrer in elsässischer Geduld, Weingüter laden mit offenen Eichentoren zum Verweilen ein und direkt an der Straße werden Ackergeräte und Autos repariert. Touristen kommen nur zufällig vorbei. Vielleicht ist der Mangel an Unspektakulärem Grund, dass die Dorfbewohner

unbehelligt ihrem traditionellen Leben nachgehen können. Zwischen den efeuumrankten Gemäuern schlummert noch der alte Geist des Elsass. Aktuelle Nachrichten werden auf der Straße ausgetauscht und natürlich kennt hier jeder die Ferme Schmitt, denn gutes Essen gehört zu einem gelungenen Tag wie ein Glas Weißwein.
Gerade liefert ein Züchter Nachwuchs, putzige gelbe Küken, die sofort vom dreijährigen Enkelsohn der Großfamilie beschlagnahmt werden. „Wir würden die Enten gerne selber züchten", erzählt Madame Marlyse Schmitt, „doch dazu braucht es ein Gewäs-

Baeckeoffe
Für 3 Personen

Zutaten

1 Gänsebrust mit Knochen,
2 Gänsekeulen,
1 kg Kartoffeln,
4 große Karotten,
3 Stangen Lauch,
2 große Zwiebeln,
750 ml elsässischer Riesling,
Salz, Pfeffer,
Majoran

Zubereitung

Gänsebrust mit Knochen in sechs
gleich große Stücke schneiden, Gänse-
keulen halbieren. Salz, Pfeffer und
Majoran zugeben und einen Tag ab-
gedeckt stehen lassen.
Zwiebeln vierteln, Lauch, Karotten und
Kartoffeln in Scheiben schneiden. Die
halbe Portion von Zwiebeln und Lauch
in einer hohen Keramikform schichten.
Die halbe Portion von Kartoffeln und
Karotten darüber legen. Die gleiche
Schichtung wiederholen. Fleisch an-
braten und auf dem Gemüse verteilen.
Riesling und 2 Tl Salz darüber geben.
Den Rand der Form mit Alufolie ausle-
gen und mit einem Deckel schließen.
Im Backofen 2 Stunden bei 200° und
eine halbe Stunde bei 180° garen.
Mit Salat servieren.

ser." Nur an dem scheint es auf dem Enten-
und Gänsehof zu fehlen. Rund 40 Hektar
Land bewirtschaften die Schmitts. Von der
Saat des Futtergetreides bis zum Einkaufs-
korb liegt die Produktion delikater Geflügel-
produkte in ihren Händen.
Angefangen haben Marlyse und Jean-Paul
Schmitt vor 30 Jahren mit Tabak, Obst,
Schweinen, Kühen und 100 Gänsen. In uner-
müdlichem Einsatz erweiterten sie ihren Be-
trieb um moderne Zuchtställe und ein Stopf-
haus. Als sie auch die Verarbeitung der
Geflügelprodukte in die Hand nahmen, ver-
breitete sich das Renommee von exquisiten
Gaumenfreuden wie ein Lauffeuer über die
Landesgrenzen hinweg. Feinschmecker aus
Frankreich, Deutschland, Schweiz und Belgi-
en nehmen lange Fahrten in Kauf, um durch
die Glastür in das kulinarische Paradies der
Schmitts zu treten.
Die herzliche Familie renommiert nicht mit

ihren Produkten, sie lässt sie kosten. Mit
würzigen Noten gewinnen die Würste aus
Ente, Gans, Hähnchen und Pute die Sympathie der Geschmacksnerven. Sie sind so
zart, dass sich selbst ein Zahnloser am Land-
jäger laben könnte. Pikant und anspruchs-
voll übertreffen „Les foie gras de canard ou
oie" die Erwartungen eines Gourmets. Aber
damit ist die Fantasie der Schmitts noch
nicht am Ende. Schwer fällt die Wahl zwischen gebratener oder geräucherter Entenbrust, Sauerbraten, Schinken, Entenmagen,
Medaillons, Gewürztraminer-Gelees, Kuchen,
Fonds oder Terrinen. Im Winter bereichern
Baeckeoffe, gefüllte Martinsgans, Bohnen-
eintopf und Fleisch auf Sürkrüt das Angebot. Einmal in der Woche bieten die Schmitts
auf dem Straßburger Feinschmeckermarkt
ihre Waren feil. Ein Tipp für Naschkatzen:
Am Samstag gibt es frische Gänse- und
Entenleberpastete.

LES FOIES GRAS DE LIESEL

daher gustatorische Erlebnistage in einem Raum, den man nur durch die hochmoderne Küche betreten kann.

Schon die Ägypter schätzten Gänseleber. Der elsässische Gouverneur Jean-Pierre Clause brachte vor 200 Jahren die Delikatesse als Souvenir mit in die Heimat. Heute reisen Pioniere des „bon goût" sogar aus Skandinavien zum Lädchen „Les Foies Gras de Liesel", um Qualität definieren zu können.

Elsass hat die besten Terrinenbäcker hervorgebracht, und das Ehepaar Willmann hat sich zur Devise gemacht, die Tradition fortzuführen. Zubereitete Gänseleber ist übrigens nicht zu verwechseln mit der Gänseleberpastete. Bei der ersteren bleiben die Leberstücke im Ganzen erhalten, bei der Pastete werden sie mit weiteren Zutaten vermengt.

„Gänseleberpastete? Nein, so soll man sie nicht nennen", erklärt Marco Willmann leidenschaftlich, „sondern Foie Gras". Er lässt die französischen Worte auf der Zunge zergehen wie die würzig zubereiteten Gänse- und Entenlebern, denen er sich seit 17 Jahren widmet.

Der bekennende Elsässer ist ein Genießer. Seine Ehefrau Marianne lernte er über den Magen kennen - in einem Edelrestaurant in Colmar. Gemeinsam mit der Gastronomentochter hat er im malerischen Ribeauvillé ein Paradies für eine der größten elsässischen Delikatessen eröffnet.

In exquisiter Lage, direkt an der Weinstraße, betreibt das Ehepaar einen kleinen Laden. Das Erfolgsrezept enthält neben bester Herstellerqualität eine großzügige Prise an Liebe, Wille und Courage. „Der Gänselebergeschmack ist gewöhnungsbedürftig", weiß Marco Willmann. Kleinen Gruppen bietet er

Les Foies Gras de Liesel
Marco und Marianne Willmann
Produktion und Verkauf

3, Route de Bergheim
F-68150 Ribeauvillé

Telefon: 00 33 (0) 3 89/73 35 51
Telefax: 00 33 (0) 3 89/73 35 83

Betriebsruhe: 1. Januar bis Ostern

Marianne Willmann verarbeitet die Leber in geduldiger Handarbeit - zwei Tonnen im Jahr. Jedes Gefäß wird einzeln entfernt, dann wird die Leber in Tranchen zerteilt. 24 Stunden trinken sie eine Marinade aus süßem Brandy, Salz, Pfeffer, Nelken, Muskat und Koriander.

Am nächsten Tag füllt Marianne vakuumverschließbare Gläser, Porzellanterrinen und Tücher mit den Tranches und gart sie. Eine gute Leberterrine ist leicht marmoriert. Stilecht wird sie mit dem Löffel oder in hauchzarten Scheiben serviert.

Eine schlanke Offenbarung ist die „Foie Gras". Es scheint, als besitze die Zunge einen einzigen Geschmacksnerv, der für sie geschaffen wurde. Wie Butter zerfließt die Leber im Mund, ein zurückhaltender Tokay Pinot gris unterstützt das gustatorische Erlebnis.

Pikanter schmeckt die „Foie Canard", die pikant zubereitete Entenleber. Zu ihr passt ein lieblicher Gewürztraminer. Das Ehepaar Willmann verkauft in seinem Laden, der von Ostern bis Weihnachten geöffnet hat, daher auch gute regionale Weine. Außerdem bietet es ein großes Sortiment an Wildterrinen an. Die Gänseliesel treibt auf dem Porzellan fröhlich ihre gefiederten Freunde. Es fällt schwer, bei den Gaumenfreuden von ihrer guten Laune nicht angesteckt zu werden.

Sautierte Entenleberpastete an weißen Trauben
Für 4 Personen

Zutaten

8 Scheiben frische „Lobe de Foie de Canard",
150 g entkernte Trauben,
2 El Butter,
250 ml Cognac oder Brandy,
250 ml warme Hühnerbrühe,
Salz, Pfeffer

Zubereitung

Pfanne ohne Fettzusatz stark erhitzen und die frischen Entenleberstücke auf jeder Seite anbraten. Die gebratenen Scheiben auf Servierteller verteilen und im Ofen warmstellen. Die Pfanne mit einem Tuch auswischen.
Für die Sauce die Pfanne mit Cognac ablöschen und die ganzen Trauben hinzufügen. Leicht einkochen lassen und anschließend die Brühe zugeben. Dick einkochen und die Butter darunter rühren. Sauce über die Entenleber gießen und sofort servieren.

Colmar

WEINGUT BECKER

"Ein Mädchen und ein Gläschen Wein, die lindern alle Not; und wer nicht küsst und wer nicht trinkt, der ist schon lange tot." Und er wäre vielleicht auch nicht so humorvoll wie Johann Wolfgang von Goethe, der nach dem Genuss des edlen Tropfens diese Zeilen schrieb. Rund zwei Flaschen leichten Weins gönnte er sich täglich – ohne, dass man es ihm angemerkt haben soll. Es wird erzählt, dass er dem Wein sogar sein Leben verdankte. Der berühmte Dichter und Denker soll nach drei Tagen schwerer Wehen schwarzblau zur Welt gekommen sein. Da er zu ersticken drohte, wurde er in einer Wanne voll warmen Weins gebadet.

Der Zaubertrank der Winzer wirkte Wunder. Goethe trank, dachte und schrieb – und das eine schloss das andere nicht aus. Im Gegenteil. "Andere schlafen ihren Rausch aus, bei mir steht er auf dem Papier", vermerkte er heiter.

Der Weinkenner aus Passion pflegte eine stattliche Sammlung edler Tropfen in seinem Keller, die er bei seinem beachtlichen Konsum immer wieder komplettieren musste. Auf einer Bestellung vom 2. Mai 1816 bat er um "einen halben Eimer Elsasser", was damals etwa 60 Liter entsprach. Goethe liebte den Riesling, den Klassiker des Elsass'. Und so ist es möglich, dass der fruchtige Riesling des Weinguts Becker über den Gaumen Goethes in den Kelch des Königs in Thule floss. Möglich, denn leider wurde das nicht überliefert.

Sicher ist, dass die Familie Becker bereits seit 1610 Weinkenner zu Dichtern werden lässt.

Unter rund 7300 Winzern an der elsässischen Weinstraße konnte sie sich mit verlässlicher Qualität einen Namen machen. In 13. Generation betreiben Jean-Philippe, François und Martine Becker traditionsbewusst das Weingut in Zellenberg bei Riquewihr. Wer die Stufen zum Keller hintersteigt, taucht in die Vergangenheit ein. Altersschwere Eichenfässer umrahmen den kühlen Raum, in dem sich der Geruch des Gemäuers mit dem charakteristischen Tannin mischt.

Regelmäßig führt Martine Becker Gäste zur Geburtsstätte des Weins und erläutert seine Entstehung von der Pflanzung bis zur Flaschenabfüllung. Sie ist die Marketingfrau des Familienbetriebs und beherrscht sieben Sprachen.

François Becker ist der Mann mit dem grünen Daumen. Mit sonnengegerbtem Gesicht

Weingut Becker
Jean Becker und Gaston Beck

4, Route d'Ostheim in Zellenberg
F-68340 Riquewihr

Telefon: 00 33 (0) 3 89/47 90 16
Telefax: 00 33 (0) 3 89/47 99 57

Ruhetage: Sonn- und Feiertage

pflegt er die Reben auf neun hervorragenden Lagen von insgesamt 16 Hektar. Fünf der insgesamt 50 „Alsace Grands Crus", die besten Lagen des Elsass', zählen zu Beckers Boden: „Froehn", „Schoenenbourg", „Schlossberg", „Sonnenglanz" und „Praelatenberg". Drei weitere Lagen stehen als „Lieux Dits" den Grands Crus kaum nach: „Hagenschlauf", „Kronenbourg" und „Rimelsberg". Auch der „Lerchenberg" wird im Schatten der Vogesen von der Sonne verwöhnt. Bereits die Urahnen der Familie Becker wussten, welche Gewächse auf den mergeligen Böden ihr Aroma optimal entwickeln. Acht geschmacksintensive Weine kommen im Weingut Becker zu Ehren, seit 1999 auch aus biologischem Anbau. Jean-Philippe, der Alchimist der Familie, verarbeitet die Trau-

ben so ausgewogen, dass der bevorzugte Riesling trotz seines spritzig frischen Charakters frei von aufdringlicher Säure ist. Ein wahrer „grand vin". Leicht und würzig ist der Sylvaner, geschmeidig frisch der Pinot blanc und aromatisch süß der Muscat. Verführerisch umschmeichelt der Tokay Pinot Gris mit dem Bukett von Lychee den Gaumen, und der Gewürztraminer steht ihm mit seinem fruchtigen Aroma um nichts nach.

Der Pinot Noir als einziger Rotwein ist leicht, mit zartem Kirschbukett. Lange ist es her, da der Edelzwicker als billiger Verschnitt gehandelt wurde. Bei Familie Becker begeistert er Sommelière durch seine Harmonie. Das Geheimnis der guten Weine liegt nicht nur im Boden, sondern auch in der sorgfäl-

tigen Lese. François pflegt die Reben mit großer Hingabe, damit die Trauben süß und aromatisch werden. Nur die Besten werden von Hand gelesen und zu Wein verarbeitet. „Qualität vor Quantität" ist die Devise der Familie seit fast 400 Jahren. Und sie gilt auch für die Liköre, Obstbrände und den Sekt, denen sich Jean-Philippe seit über 35 Jahren widmet.

AUBERGE ST. LAURENT

mehr als erfüllt. Nach seiner Lehre im Sternerestaurant „Moulin de Kaegy" wurde er unter den 330 weltbesten französischen Köchen als „Maître Cuisinier de France" ausgezeichnet. 1983 bauten er und seine Frau Anne die 400-jährige, ehemalige Postkutschenstation im Herzen der Stadt zu einem gemütlichen Hotel-Restaurant um, das seit 2000 einen Michelinstern trägt. Es ist ein Schatzkästchen bäuerlicher Kultur mit dem Komfort der Moderne.

Auberge St. Laurent
Marco und Anne Arbeit

1, rue Fontaine
F-68510 Sierentz

Telefon: 00 33 (0) 3 89/81 52 81
Telefax: 00 33 (0) 3 89/81 67 08

Ruhetage: Montag und Dienstag

Zwischen Vogesen und Jura, zwischen Mulhouse, Basel und der burgundischen Pforte liegt das ländliche Sundgau. Ein kleines Einod, fern vom Touristenrummel der Route de Vins und der städtischen Blechlawinen. Zwischen Feldern und Auenwäldern, in denen die Nachtigal ungestört ihr Morgenlied trällert, liegen malerische Dörfer ohne Blumenpomp und historisch getrimmte Häuser.

Die ländliche Idylle ist echt und ungeschminkt, wie die Sundgauer selbst. Sie leben in einem Schlaraffenland, in dem, verwöhnt durch mediterrane Wärme und moderaten Regen, zuckersüße Früchte und saftiges Gemüse vor der Haustüre reifen. Marco Arbeit wuchs in Sierentz auf und schaute seiner Mutter bereits als Dreikäsehoch in den Kochtopf. „Sie war eine hervorragende Köchin", schwärmt er noch heute. Selber einmal Koch zu werden, war sein Kindheitstraum – und er hat ihn sich

Das oft erweiterte und verwinkelte Restaurant ist in warmen Rottönen gehalten. Bunte Brücken, freigelegte Eichenbalken und Kassettendecken, eine stattliche Sammlung spielerisch verzierter Holzmöbel und goldene Kerzenleuchter verbreiten einen einladenden Charme.

Jagdtrophäen zeugen von Marcos zweitgrößter Leidenschaft. Wildsau, Reh, Hase, Ente oder Fasan, was der Chef de Cuisine erlegt, dürfen die Gäste genießen. Dazu gibt es saisonales Gemüse, frische Früchte, selbstgemachte Marmeladen oder Pasteten. „In Sierentz gibt es alles, was man braucht", erzählt Marco Arbeit.

Die Speisekarte ist sehr flexibel, wie auch die Kochkunst des Maître. Elsässische und französische Rezepte verpflichten ihn nicht. Mit viel Fantasie zaubert er unverwechselbare Kompositionen, die so schön serviert werden, dass es fast Leid tut, sie zu essen. Für sinnliche Überraschungen sorgen exo-

gewählte Weine runden das Festmahl ab. Zum geruhsamen Verdauungsschlaf laden 10 Zimmer ein, die mit naturbelassenen Stoffen, Himmelbetten und Holzmöbeln rustikal eingerichtet sind. Marcos Tochter Marie kümmert sich liebevoll um die Gäste. Wundern Sie sich nicht, wenn sie von der Familie Arbeit mit einem stürmischen Backenkuss und vom Dackel schwanzwedelnd begrüßt werden. Gastfreundschaft ist in der Auberge St. Laurent kein leeres Wort, sie wird gelebt.

Wildente „Colvert" mit Kartoffelrosetten
Für 2 Personen

Zutaten

1 Wildente mit Innereien,
375 ml Gingondas-Rotwein,
2 Kartoffeln, 1 Zwiebel, 1 Karotte,
1 Lauchstange, 1 Stück Sellerie,
Cognac, 4 Wacholderbeeren,
Krause Petersilie

Zubereitung

Die Ente in Brust- und Rückenseite trennen. Die Wirbelsäule auslösen. Die Schenkel von den Knochen befreien und mit Salz, Pfeffer, 2 Wacholderbeeren, gehackter Petersilie und etwas Cognac abschmecken. Kühl stellen. Zwei kleine Kasserolen gut buttern und mit dünnen Kartoffelscheiben in Rosettenform auslegen. Je die Hälfte der Entenfarce in die Mitte geben, mit einer weiteren Rosette aus Kartoffelscheiben bedecken und mit geschmolzener Butter gut einfetten. Die Ränder gut verschließen. Zur Seite stellen. Das Gemüse in kleine Würfel schneiden und mit den Knochen und Innereien anbraten, bis sie leicht bräunen. Mit Cognac flambieren und mit Wein ablöschen. Zwei Wacholderbeeren hinzufügen. Reduzieren, bis eine sirupartige Konsistenz erreicht ist. Die Brustseite der Ente auf den Knochen in Butter anbraten. Mit geschlossenem Deckel bei geringer Temperatur 10 bis 12 Min. garen. Die Kartoffelrosetten in den Kasserolen 10 bis 15 Min. im Ofen backen. Die reduzierte Sauce durch ein Sieb gießen. Abschmecken, mit Butter aufmontieren und warm halten. Wenn die Ente rosa gebraten ist, die Brustfilets ablösen und auf die Teller geben. Daneben die überbackenen Kartoffeln und die Sauce anrichten. Als Vorspeise empfehlen wir zum Beispiel Jacobsmuscheln.

tische, fein abgestimmte Geschmacksnoten, wie bei der Gänseleber mit Sauerkrautkonfitüre, den Tauben mit Spargelfrikassee in Rotweinsauce und den Pampelmusen Croustillant an Blutorangensorbet.Rund 450 aus-

AUBERGE À L'AGNEAU

sich gehört – einen runden Stammtisch. Doch wer jetzt an Bockwurst oder belegte Brote denkt, hat weit gefehlt. Seit Oktober 2002 kredenzt Meisterkoch und Mâitre Christophe Munch delikate elsässer Spezialitäten, die an der Schwelle zur subtilen Haut Cuisine stehen. Gelernt hat er die Kunst im Deluxe-Restaurant der Hohkönigsburg. Und so läuft dem Gast nicht nur beim Studium der Speisekarte das Wasser im Mund zusammen. Wer bei Munch die hausgemachte Entenleber auf knackigem Salat oder den Zwiebelkuchen „nach Schwiegermutters Rezept" probiert, versteht, warum die elsässische Küche

Auberge à l'Agneau
Patricia und Christophe Munch

16, Grand'rue
F-68230 Katzenthal

Telefon: 00 33 (0)3 89/80 90 25
Telefax: 00 33 (0)3 89/27 59 58

Ruhetag: Montag
Betriebsruhe: Januar

Im Sommer wird die Weinstraße zum elsässischen Disneyland, das in Stoßzeiten an Besuchermassen fast zu ersticken droht. Und da das Reisen Appetit macht, bieten hunderte von Restaurants typisch elsässische Gerichte. Doch leider sinkt reziprog zur Geranienpracht und Ansichtskartenfülle oftmals das Preisleistungsverhältnis. Und so kann es passieren, dass dem erwartungsvollen Gast Baeckeoffe aus der Mikrowelle und Eis vom Großhandel serviert wird. Sofern man es bemerkt, eine herbe Enttäuschung.

Feinschmecker suchen ihr Eldorado in den vergessenen Dörfern am Rande, dort, wo in den Winstubn Politik gemacht und beim hellen „Bing" der Gläser Geschäfte besiegelt werden. Ein Geheimtipp ist die Auberge à l'Agneau in Katzenthal. Das fröhlich gelb getünchte Hotel-Restaurant mit den hellblauen Fensterläden ist das Herz des beschaulichen Winzerortes und bietet – wie es

internationales Renommee genießt. Munch kauft nur die besten Zutaten von regionalen Erzeugern und vom Markt in Colmar. Fertige Produkte duldet er nicht im Einkaufskorb. Selbst die Marmelade oder die Waffel zum Eis zaubert er eigenhändig – aus feinsten Zutaten. Zu den saisonalen Schmankerln schenkt Patricia Munch unter anderen edle Grand-Cru-Weine des benachbarten Winzers René Meyer et Fils ein. Sein Weinkeller ist über den Hotelhof erreichbar. Seit das Ehepaar Munch die Auberge gekauft und mit viel Hingabe restauriert hat, kommen immer mehr Gäste ins Katzenthal. So viele, dass die beiden bereits eine Erweiterung des 12 Zimmer großen Hotels planen. Kein Wunder, denn das Haus versprüht einen familiären Charme. Die Räume sind einladend gemütlich, mit knarrenden Dielen, holzgetäfelten Wänden, rot-weiß karierten Tischdecken und liebevollen Details. Sowohl in der Winstub, als auch im

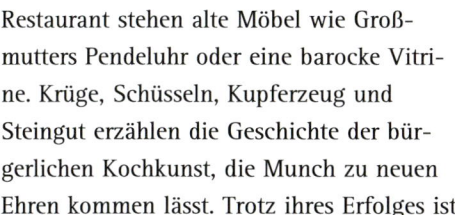

Lachsrolle im Nudelteig
Für 4 Personen

Zutaten

Für den Teig:
300 g Mehl,
3 Eier,
1 Tl Olivenöl,
Salz
Für die Füllung:
400 g geräuchertes Lachsfilet,
1 mittelgroße Karotte,
1 Zwiebel, 10 cm Lauch,
100 ml Edelzwicker,
1 Tl Senf,
1 Eiweiß,
Butter zum Braten,
100 ml Sahne,
200 ml Wasser

Zubereitung

Restaurant stehen alte Möbel wie Groß-mutters Pendeluhr oder eine barocke Vitrine. Krüge, Schüsseln, Kupferzeug und Steingut erzählen die Geschichte der bürgerlichen Kochkunst, die Munch zu neuen Ehren kommen lässt. Trotz ihres Erfolges ist das junge Ehepaar bescheiden. In der Auberge à l'Agneau können selbst Studenten mit schmalen Portemonnaies speisen wie Könige und nach einer Weinprobenexpedition im kuschligen Bett bereits vom Frühstück träumen.

Alle Zutaten für den Teig mischen und in Kugelform etwa eine Stunde in den Kühlschrank legen. Die Karotte, die Zwiebel und den Lauch in kleine „Brunoises" schneiden und in der Butter leicht anbraten. Sobald die Zwiebeln glasig sind, den Edelzwicker und das Wasser zugeben. Kochen, bis das Gemüse gar ist, und dann den Lachs in der Brühe pochieren. Die Brühe durch ein Sieb geben und aufbewahren. Gemüse und Lachs zerkleinern. Das Eiweiß aufschlagen und zusammen mit Sahne und Senf unter die Farce mischen.
Den Teig auf bis zu 30 cm Durchmesser ausrollen und gleichmäßig mit der Farce bedecken. Dann zu einer Rolle drehen und mit einem scharfen Messer rund 2 cm dicke Scheiben abschneiden. Die Scheiben in der Pfanne anbraten und anschließend in der kochenden Brühe garen.
Christophe Munch serviert die Lachsrolle am liebsten mit hausgemachter Hummersauce.

MAISON FERBER

Maison Ferber
Christine Ferber

18, rue des Trois Epis
F-68230 Niedermorschwihr

Telefon: 00 33 (0) 3 89 / 27 05 69
Telefax: 00 33 (0) 3 89 / 27 48 03

Ruhetag: Montag

𝒫ardon, düfte ich Sie verführen? Oder entführen, in das Maison Ferber nach Niedermorschwihr? Mit seinen großen Schaufenstern liegt es da wie das umstrittene Lädchen von Juliette Binoche im Kinofilm „Chocolat": In einem pittoresken Ort am Berghang, direkt neben der Kirche. Wer von Madame Christine Ferbers teuflisch guten Pralinen kostet, grämt sich nicht lange für die kleine Sünde. Der Beichtstuhl ist nah. Oder er wird davon überzeugt, dass Christines Schokolade keine Sünde, sondern die „wahre Kost der Götter" ist, wie Philosoph Joseph Bachot begeistert schrieb. Maison Ferber ist Boulangerie, Pâtisserie, Confiserie und Glacier in einem – und der Tante-Emma-Laden des Winzerdorfs. Bereits 1959 verkaufte hier Christines Vater, Maurice Ferber, alle nützlichen Dinge des Alltags, vom Besen bis zum Knoblauch. Als ab den 70er-Jahren Einkaufsmoloche die kleinen Läden verdrängten, blieb das Maison Ferber wie ein Fels in der Brandung stehen. Seine Waffe: Eiskougelhopf, Wacherineis und Fleischpastete.
Maurice Ferber war ein begnadeter Bäcker und erfand den kalten Bruder zum teigigen Kougelhopf, ein Aushängeschild des Elsass´. Längst stand sein Rezept in den Kochbüchern der gewieften Hausfrauen. Und

auch Schweine- und Kalbspasteten wusste er zu backen wie kein anderer. Er wurde zum Geheimtipp für Gourmets. „Die Kreation muss vom Herzen erschaffen und durch den Willen geformt werden, dann arbeiten die Hände wie von selbst", lehrte Maurice Ferber seine Tochter Christine. Sie verstand und tat es ihm gleich. Sie gewann 1979 als beste Konditorin den „Coupe de France des jeunes pâtisserièrs" und wurde von der Pariser „De Luxe"-Confiserie „Peltier" angestellt. Der Patron lehrte sie das zweite Geheimnis: Die Ästhetik der Produkte ist wichtig, aber noch wichtiger ist ihr Geschmack.

1980 übernahm Christine im Maison Ferber die Fabrikation aller Gourmandise und kocht und bäckt seitdem in der 45 Jahre alten Küche Brot, Berawecka, Torten, Plätzchen, Pralinen, Marzipan, Marmelade und vieles mehr mit unvergleichbar starker Geschmacksintensität.

Vier „Tabletten", die höchste Auszeichnung, verlieh ihr der Club des Croqueurs de Chocolat für ihre Pralinen. Gäbe es die Auszeichnung „Gläschen" für Marmelade, dann hätte Christine ebenfalls vier verdient. Dabei kam sie zum Marmeladekochen wie die Jungfrau zum Kind. Sie stellte einige Gläser zur Zierde in die Schaufenster. Heute kommt sie der Nachfrage nach den 236 verschiedenen Sorten kaum mehr nach. Nam-

hafte Hotels kaufen bei ihr ein, um den Gästen den Aufenthalt zu versüßen. Christine ist Elsass' Marmeladenkönigin. Sieben Bücher und zig Artikel versuchen, hinter ihr Geheimnis zu kommen. „Man braucht ein gewisses Gefühl", erklärt sie. Mit Gefühl, Herz und Willen zaubert sie von Sonnenauf- bis Sonnenuntergang die süßen Verführungen, denen man einfach nicht widerstehen kann.

Himbeerkonfitüre

Zutaten

1 kg reife Himbeeren
800 g Kristallzucker
Saft einer halben Zitrone
10 Minzblätter

Zubereitung

Einen kupfernen Kessel mit Essig und Salz säubern. Im Kupferkessel geliert die Marmelade besonders gut, man kann aber durchaus auch einen Edelstahltopf benutzen. Die ganzen Himbeeren, Zucker und Zitronensaft in den Topf füllen und vorsichtig mit einem Holzlöffel verrühren. Bei starker Hitze zum Kochen bringen und dann sofort von der Herdplatte nehmen. Die Fruchtmasse in einen Edelstahlbehälter umfüllen und abgedeckt über Nacht stehen lassen. Am folgenden Tag die Mixtur wieder in den Kupferkessel füllen und mit den zerschnittenen Minzblättern ein weiteres Mal aufkochen. Rund 10 Min. kochen lassen und regelmäßig abschaumen. Der Kochvorgang ist beendet, wenn kein Schaum mehr entsteht und die Masse geliert, was man an den langsam aufsteigenden und großen Blasen erkennen kann. Die heiße Marmelade in die Gläser füllen und sofort mit einem schraubbaren Deckel verschließen. Während die Marmelade abkühlt, sollte das Glas kopfüber auf dem Deckel stehen. So entsteht ein stärkeres Vakuum und die Konfitüre bleibt lange frisch.

CHÂTEAU D'ISENBOURG

siten Mahlzeit gerne nachsagt. Im Château d'Isenbourg muss man die Redewendung ergänzen. Hier lässt sich essen und ruhen wie Gott in Frankreich.

Nun, und wenn nicht wie Gott, dann doch zumindest wie Könige. Die Grundsteine des Luxushotels in dem beschaulichen Städtchen Rouffach an der elsässischen Weinstraße trugen bereits vor der merowingischen Epoche eine mächtige Burg. Dagobert II, König von Austrien, ließ an ihrer Stelle auf dem Hügel des Gallbühl eine Pfalz errichten. Mächtige Bischöfe gaben sich nachfolgend die Klinke in die Hand.

Heute zeugen noch zwei Gewölbesäle aus dem 12. und 14. Jahrhundert von der langen Geschichte des Château d'Isenbourg.

1974 wurde das beeindruckende Gebäude von René Traversac erworben und nach historischem Vorbild zu einem 4-Sterne-Hotel-Restaurant verwandelt. Isenbourg gehört zu den Grandes Etapes Françaises und ist den Small Luxury Hotels angegliedert.

Herzlich führt die deutsche Direktorin Inge Meitinger in die gute Stube mit farbenfrohen, barocken Möbeln. Die Terrassentür steht weit offen und mit wenigen Schritten liegt das Rheintal zu Füßen. Über

Essen wie Gott in Frankreich kann man an vielen Orten – falls Gott isst, wie man ihm beim himmlischen Genuss einer exqui-

Château d'Isenbourg

F-68250 Rouffach

Telefon: 00 33 (0) 3 89 / 78 58 50
Telefax: 00 33 (0) 3 89 / 78 53 70

Betriebsruhe: Mitte Januar
bis Ende Februar

die schindelgedeckten Dächer und mittelalterlichen Türme Rouffachs schweift der
Blick in die Ferne bis zum Schwarzwald
und den Alpen. Wie eine Insel liegt Château
d'Isenbourg im fünfeinhalb Hektar großen
Meer aus Weinreben.

Was im mediteranen Sonnenbad vor der Tür
wächst, kann im Restaurant gekostet werden. Neben rund 400 exquisiten Referenzen
aus ganz Frankreich und den besten Gegen-
den Europas bietet das Haus regionale
Weine aus dem Elsass mit ihrem fruchtigen
Bouquet. Dazu kreiert Meisterkoch Didier
Lefeuvre raffinierte Gerichte wie Entenle-
berterrine im Datteltraum, Jakobsmuscheln
mit Ingwer, Froschschenkelkrapfen oder
warme Feigen mit Maulbeermarmelade.
Kulinarische Gedichte, die man sich nicht
oft genug auf der Zunge zergehen lassen
kann.

Daneben zaubert der Küchenchef täglich
eine Tagesmenükarte mit vielen frischen
Zutaten vom Markt. Speisen kann der Gast
im lichtdurchfluteten Panorama-Restaurant
oder im behaglichen Dagobertsaal aus dem
14. Jahrhundert, der mit großen Kronleuch-
tern, Wandteppichen und Ritterrüstungen
stilvoll eingerichtet ist. Zwischen ihm und
dem etwas älteren Gewölbekeller, in dem
Feste und Konzerte stattfinden, lässt sich
die 15 Mann starke Küchentruppe beim
Zubereiten der Delikatessen über die Schul-
tern schauen.

Nach dem göttlichen Mahl lädt Château
d'Isenbourg zum Verweilen und Entspannen
ein.
Die 41 Gästezimmer sind ruhig, blumig verspielt und überaus komfortabel. Und in den
Schwimmbädern im Haus oder unter freiem
Himmel, in der Sauna, im Whirlpool oder
bei der Massage bleibt der Alltag vor den
efeuumrankten Burgmauern zurück.

Meerbarbe in Knoblauchschuppen und Safransahne
Für 6 Personen

Zutaten

6 Meerbarben zu je 250 g,
1 grüne, rote und gelbe Paprika,
350 g Tomaten, 750 g Butter,
150 g Zwiebeln, 500 g Knoblaubzehen,
1¹/₂ Zucchini, 250 g Sellerie,
3 halb steif geschlagene Eiweiße,
150 ml Weißwein, 750 ml Sahne,
30 ml Olivenöl,
1¹/₂ Messerspitzen Safranfäden,
3 bis 4 Zweige Dill,
1¹/₂ Prisen Thymiangewürz,
Salz, Pfeffer

Zubereitung

Die Meerbarben schuppen und filetie-
ren, auf Küchenpapier trocknen. Mit
Eiweiß bestreichen und mit blanchier-
ten Knoblauchschuppen belegen, kalt
stellen. Gräten und Köpfe aufbewah-
ren.
Für die Ratatouille gewürfelte Zwie-
beln in Olivenöl garen, Zucchini und
Paprika in Würfeln bissfest kochen.
Tomaten roh in Würfel schneiden,
Knoblauch hacken. Alles in Olivenöl zu
einer Ratatouille braten.
Für die Sauce Fischgräten und -köpfe,
Safran, Weißwein und Sahne, Salz und
Pfeffer 30 Min. bei schwacher Hitze
kochen. Auf ein Viertel der Menge
reduzieren und durch ein Sieb passieren. Den Sellerie schälen, in feine
Streifen schneiden und in einer
Fritteuse hell frittieren. Die Barben-
filets auf der Hautseite in geklärter
Butter garen und würzen. Die Rata-
touille in einem Kreis von 5 cm
Durchmesser und 3 cm Höhe aufge-
ben und darauf den frittierten Sellerie
anrichten. Die Sauce und das Fisch-
filet anrichten und mit Dill garnieren.

DAS MARKGRÄFLER LAND –

ᴃwischen Freiburg und Basel, Oberrhein und südlichem Schwarzwald eingebettet liegt das Markgräfler Land wie der sprichwörtliche Paradiesgarten. Beschreibungen dieser Landschaft lesen sich wie aus Märchen entlehnt.

Das milde Klima des Südens, die gleichermaßen fruchtbaren wie idyllisch schönen Weinberge, Wiesen, Felder und gepflegte Obstanlagen, die schmucken Dörfer und traditionsbewusste Städte verbinden sich zu einem so zauberhaften und nachhaltigen Eindruck, dass nicht nur prosaische Gemüter ins Schwärmen geraten. Dichtergrößen wie Johann Wolfgang von Goethe,

Johann Peter Hebel und René Schickele kleideten ihre unverhohlene Begeisterung über diesen Landstrich in ebensolche Worte. Wo genau das Markgräfler Land anfängt und wo es aufhört – darüber streiten Fachleute wie Laien noch heute leidenschaftlich. Tatsächlich ist es die landschaftliche Schönheit, die abwechslungsreiche Geschichte, eine reiche vielfältige Kultur und kulinarische Köstlichkeiten, die sich dem Besucher in all seinen Facetten offenbaren. Gleichzeitig ist der Landstrich durch seine exponierte, geografische Lage eng mit der europäischen Geschichte verwoben: als Schmelztiegel von Völkerwanderungen, Stätte kriegerischer Auseinandersetzungen von Reformation und Gegenreformation, politisches Pfand von Fürsten und kirchlichen

Machthabern, bedeutsamer Handelsumschlagplatz im Dreiländereck und seit den Tagen der Römer begehrtes Erholungsgebiet. Seinen Namen erhielt das Markgräfler Land durch einen politischen Akt im 15. Jahrhundert. Die Markgrafen von Hachberg, Hugo und Rudolf IV, erhielten vom letzten Grafen von Freiburg die Herrschaft über Badenweiler. Man schrieb das Jahr 1444. Damit wurden die Herrschaftsbereiche von Rötteln, Hachberg-Sausenburg und Badenweiler zwar zu einem politischen Territorium vereint. Von einem geografisch oder kulturell abgeschirmten Gebiet zu sprechen verbot sich jedoch angesichts der weiteren Einflussnahme der Herren von Österreich und Basel, die nach wie vor ein Wörtchen mitredeten.

Schliengen

PARADIESGARTEN UND TOSCANA DEUTSCHLANDS

Von der Rheinebene aus, über sanftes Hügelland mit ausgedehnten Rebenanbau und stattlichen Obstgärten, steigt das Land sanft zu den mit Mischwald bestandenen Vorläufern des Schwarzwaldes an. Mittelalterliche Kirchen und Burgen, um die sich sagenhafte Legenden ranken, Kulturdenkmäler wie Kulturerlebnisse säumen ebenso den Weg wie antike und neuzeitliche Thermen, die in ihrer Dichte und Güte nirgendwo sonst in Deutschland zu finden sind – den Römern und der neueren touristischen Entwicklung zu Wellness und Gesundheit sei Dank.

Vor allen Dingen gibt es gerade auf der Alten Weinstraße von Staufen nach Müllheim ein gastronomisches Angebot zu entdecken, das in seiner Vielfalt und losgelöst vom Denken in Sternen, Hauben und anderen Auszeichnungen keinen Vergleich mit anderen europäischen Regionen jenseits des Rheins scheuen muss. Im Gegenteil: Gerade aus Frankreich und der Schweiz kommend, sind von klugen Köpfen und kreativen Köchen kulinarische Trends entwickelt worden, die von Feinschmeckern wie kulinarischen Laien als Maßstab für die badische Küche empfunden werden.

Gerade die in der Vergangenheit wechselnden Zugehörigkeiten zu unterschiedlichen Kulturkreisen, die in alemannischer Tradition oder in frankophiler Lebensauffassung wurzeln, garantierten stets, dass die sprichwörtlich Markgräfler Küche das wurde, was sie heute noch ist: ein mit allen Produkten gefüllter, verwunschener Paradiesgarten inmitten der Toscana Deutschlands, in dem neben einen gehörigen Schuss kulinarischer Raffinesse noch immer ein leckeres Lüftchen aus dem Westen weht.

Seinen besonderen Charme bezieht die Region überdies aus den Markgräflern selbst: Ein Menschenschlag, der das Traditionelle und Lokalpatriotische auf feinsinnige Weise mit einer weltoffenen Lebensphilosophie verbindet. Denn der Markgräfler biedert sich nicht an, aber er liebt es, entdeckt zu werden. Dafür belohnt er den Entdeckungsreisenden mit liebenswürdiger Gastfreundschaft.

Markgräfler Land

Staufen

Burgruine Rötteln

Rötteln

Das Markgräfler Land bei Münstertal

RESTAURANT HOTEL „BARTHEL'S ADLER"

einem Schuss Esprit und Liebe mindestens genauso gut für die Seele sind wie romantische Sonnenuntergänge von einer sanften Meerbrise umweht. Küchenchef Ingo Twistel, seit zwölf Jahren schon in Barthel's Adler, kocht Bodenständiges ohne Schnörkel und individuell. Fleischgerichte dominieren und überraschen in ihren vielfältigen Zubereitungen. Rinderfilet beispielsweise ist im kulinarischen Speckgürtel des Südwestens wahrlich keine Sensation, auf einer Portweinsauce und mit Geflügelleber gefüllt aber gereicht es dem Mann in der Küche zur Ehre.

Restaurant Hotel „Barthel's Adler"
Edeltraud Barthel

Wentzinger Straße 33
D-79238 Ehrenkirchen-Ehrenstetten

Telefon: 00 49 (0) 76 33 / 90 89 39 - 0
Telefax: 00 49 (0) 76 33 / 90 89 39 - 15

Ruhetag im Restaurant: Mittwoch

Wenn man von der guten oder gar erstklassigen Lage eines Hauses spricht, zieht man die Maßstäbe, Vorzüge und Besonderheiten seiner Umgebung zu Rate. Auf den ersten Blick mag Ehrenstetten nicht viel zu bieten haben, was den Betrachter in seinen Bann ziehen könnte. Allein aber schon die Tatsache, dass der Ehrenkirchener Ortsteil unmittelbar an der Badischen Weinstraße liegt, sollte stutzig machen.
Wer den Bogen noch weiter spannt, erkennt, dass die Stadtgrenzen des Kurorts Bad Krozingen und der Fauststadt Staufen mit einen Steinwurf zu erreichen sind. In Bad Krozingen heilt der Körper und in Staufen der Geist. In Ehrenstetten, genauer im dortigen „Adler" von Edeltraud Barthel, gibt's für alle Sinne etwas.
Fangen wir zunächst bei den kulinarischen Genüssen an, von denen wir wissen, dass sie bei handwerklich guter Zubereitung und

Schön auch, dass mit einem Badischen Ochsenfleisch in Meerrettichsauce und einem Badischen Zwiebelrostbraten in Weinrahm Klassiker der einheimischen Regionalküche gewürdigt werden. Seine Ambitionen unterstreicht Ingo Twistel bei den Fischgerichten. Das Carpaccio von Seeteufel und Lachs in einer fruchtigen Tomatenvinaigrette macht ebenso Appetit wie Zanderfilets unter der Kräuterkruste gebraten und auf Safranschaum gelegt.
Alle zwei Wochen legt Edeltraud Barthel ihren Gästen eine neue Karte vor, in der insbesondere saisonale Produkte ihren wohl verdienten Niederschlag finden. Nicht nur im Herbst sind die Wildgerichte des Hauses zu empfehlen. Eine rosa gebratene Entenbrust in einer Honig-Pfeffer-Sauce hat es dem Autoren angetan. Eine Versuchung wert sind überdies die Medaillons vom Hirschrücken auf Pilzragout mit Hagebut-

Rindercarpaccio mit warm mariniertem Kürbissalat
Für 4 Personen

Zutaten

250 g Rinderfilet,
1 El Dijonsenf,
2 El frisch gehackte Kräuter,
100 ml Olivenöl,
60 ml Balsamicoessig,
50 ml klare Fleischbrühe,
40 ml Sesamöl,
4 Salatröschen,
1 Kürbis,
Salz, Pfeffer, Zucker

Zubereitung

Rinderfilet salzen, pfeffern und mit Senf bestreichen, in gehackten Kräutern wälzen, in Klarsichtfolio einschlagen und einen Tag tiefkühlen; Marinade aus Olivenöl, Balsamicoessig, Fleischbrühe, Salz und Pfeffer und Prise Zucker herstellen; Kürbis in feine Rauten schneiden und in etwas Brühe bissfest dünsten; Rinderfilet antauen und in hauchdünne Scheiben schneiden, von außen nach innen in Kreisen auslegen; marinierte Kürbisrauten mittig anrichten; Salat marinieren und dazugeben; mit Gruyèrekäse bestreuen.

tensauce. Zu der Standardkarte gesellen sich zudem in regelmäßigen Abständen immer wieder kulinarische Aktionswochen. Herumgesprochen hat sich Barthel's Adler als geeigneter Ort für Familienfeiern. Die Chefin selbst kümmert sich von der Absprache bis zur Umsetzung um alle wichtigen Dinge und die oftmals entscheidenden Details. Dazu macht sie interessante Vorschläge für ein abwechslungsreiches und ungewöhnliches Rahmenprogramm. Wer nach all den Feiern nur noch Ruhe braucht, ist in einem der gemütlichen Hotelzimmer des Hauses bestens aufgehoben.

RESTAURANT „KÄSESTUBE"

Restaurant „Käsestube"
Katharina Haumann

Hauptstraße 56 a
D-79219 Staufen

Telefon: 00 49 (0)76 33/98 20 37

Es gibt unzählige Restaurants auf dieser Welt, viele im Markgräfler Land und mehr als ein halbes Dutzend in Staufen. Die meisten von ihnen nehmen für sich – völlig zu Recht - in Anspruch, etwas Besonderes zu sein. Die Käsestube in Staufen erfüllt nun aber in bislang noch nicht bekannter Form die Norm des Zeitgeistes, sich demselben nicht zu unterwerfen, sich ihm nicht unterwerfen zu müssen.

Individualität ist denn auch ein Begriff, der einem zunächst in den Sinn kommt, wenn man die Stube von Katharina Haumann in Staufen betritt. Unter einem mächtigen Torbogen geht es hindurch, bevor man das kleine Paradies über einen lauschigen Innenhof erreicht. Noch bevor die Wirtin

ihre Gäste in der „Käsestube" willkommen heißt, signalisieren ihre zwei freundlich dreinblickenden Hunde „Champus" und „Liesel" mit fröhlichem Schwanzwedeln die Gastfreundschaft von Zwei- und Vierbeinern.

So unverwechselbar das kulinarische Angebot in der „Käsestube" ist, so ungewöhnlich persönlich ist das Interieur. Unikate hat sie gesammelt auf Märkten und bei anderen Gelegenheiten und sie vermitteln rasch das Gefühl, heimisch zu sein bei jemandem, der nicht nur in Staufen, sondern darüber hinaus in der Welt zu Hause ist.

Das hat vielleicht auch damit zu tun, dass Katharina Haumann vor ihrem gastronomischen Leben beruflich an anderen Ufern

Käse gefüllte, mit Speck umwickelte und im Ofen gebackene Käsepfläumchen offerieren, oder Crostini auf mediterrane Art mit getrockneten Tomaten und Olivenöl.

Wie sehr die Gastronomie zum festen Bestandteil einer kosmopolitischen Lebensphilosophie gehören sollte, wird hier sowohl in Form der Darreichung von Speis' und Trank deutlich, als auch an der eigenwilligen Gestaltung des Angebotes selbst. Neben Gaumenfreuden wie gebratenen Auberginen, paniert mit Parmesan und Semmelbröseln, serviert mit einer fruchtigen Tomatensauce und Möhrenpuffern mit frischem Kräuterquark, zieren Weisheiten erwiesener Connaisseure wie George Bernhard Shaw („Es gibt keine aufrichtigere Liebe als die zum Essen"), Montesquieu und Oscar Wilde die Speisenkarte. So forderte der wilde Brite: „Versuchungen sollte man nachgeben. Wer weiß, ob sie wiederkommen". Ganz sicher dazu gehören die Spezialitäten von Katharina Haumann: Fondues in allen Facetten, mit Kirschwasser, frischen Kräutern, pürierten Tomaten und Basilikum oder als exotische Variante in Curry und mit Bananen und Ananas. Zum klassischen Raclette mit Cornichons und eingelegten Zwiebeln sowie Kartoffeln in der Schale, bietet die Wirtin wahlweise Bündnerfleisch, italienische Salami oder Schwarzwälder Speck. Den Käse liefern Spezialisten aus dem nahen Münstertal, aus dem Elsass und der Schweiz, wenn Not an der Frau ist, auch noch spätabends.

groß geworden ist. Ihre Profession als Köchin und Patronin eines eigenen Restaurants hat sie mehr in autodidaktischen Lektionen erworben denn in gängigen Ausbildungsmustern der Branche. So spiegelt sich an den Tischen der Käsestube – und im Sommer im intimen Hinterhof des Hauses – die Lebensauffassung eines Individuums wider, das unnötigen Zwängen eine strikte Absage erteilt. Nicht nur deshalb versteht es die Wirtin prächtig, ihren Gästen das vielerorts schon

beschriebene, schlicht aber unbeschreibliche Gefühl des „savoir vivre" zu vermitteln. Glücklich darf sich schätzen, wer nun, aus aller Welt angereist, seinen Platz gefunden hat in der Käsestube. Liebevoll umsorgt von einem festen Stamm an Servicemitarbeitern, schweift der Blick in die Karte des Hauses, in der – wenig Wunder – der Käse prägendstes Element ist. Das beginnt bei den Hors d'œuvres, die hier „Kleines Feines" heißen und solch delikate Versuchungen wie mit

HOTEL-GASTHOF „KREUZ-POST"

Stühlen sorgen gemeinsam mit weiteren Accessoires für Abwechslung und gemütliche Heimeligkeit. Es ist fast zu schön, um wahr zu sein, dass ein solches Kleinod an Gastlichkeit in modernen Zeiten wie diesen noch existiert. Erst die freundliche Stimme von Heidi Zahn holt den staunenden Gast zurück in die Wirklichkeit: „Herzlich willkommen in der Kreuz-Post".

Seit zwei Jahren betreiben sie und ihr Mann Michael die ehemalige Posthalterei in Staufen, die zwar schon über 400 Jahre jung ist, aber erst anno 1844 durch Sixtus Schladerer als solche eingerichtet wurde. Zuvor existierte es als das Gasthaus „Kreuz". Sixtus' Sohn Hermann und Gattin Elisabeth führten das renommierte Haus dank wunderschöner Gästezimmer, guter Gastronomie, Hausbrennerei und Weinanbau zu neuer Blüte. Erst vor wenigen Jahren hat die Familie Schladerer weder Kosten noch Mühen gescheut, das gastronomische Aushängeschild und die Wiege einer Obstbrennerei mit Weltruf zu einem

Hotel-Gasthof „Kreuz-Post"
Heidi und Michael Zahn

Hauptstraße 65
D-79219 Staufen

Telefon: 00 49 (0) 76 33/95 32 0
Telefax: 00 49 (0) 76 33/95 32 32

Ruhetag im Restaurant: Mittwoch

Staufen ist eine schöne Stadt, dank Faust auch eine schöngeistige. Ein wahres Schmuckkästchen inmitten der fußgängerberuhigten Innenstadt ist der Hotel-Gasthof Kreuz-Post von Heidi und Michael Zahn. Es ist, mit Verlaub, das erste Haus am Platze: nicht nur aufgrund seiner langen Geschichte, in erster Linie wegen dem, was den Gast in den traditionsreichen Mauern an gastronomischen Annehmlichkeiten erwartet. Nach wenigen Schritten durch die mit einem halben Dutzend Gasttischen freundlich bestückte Gartenterrasse und den vier Stufen hinauf ins Restaurant befindet man sich unversehens in einer anderen Welt. Warme pastellfarbene Grüntöne von holzvertäfelten Wänden beruhigen das Auge, kleine stoffbezogene Kissen auf den bequem ausgepolsterten Holzbänken rund um den Kachelofen und den sorgsam geschnitzten

Schmuckstück unter den Perlen des Markgräfler Landes herauszuputzen.

Keinen geringen Anteil an der Gastlichkeit der „Kreuz-Post" haben die Zahns. Maitre Michael reklamiert für sich und seine Küche völlig zu Recht einen kreativen Stil, der ihm nicht nur Sympathie und Anerkennung seiner Gäste, sondern zwischenzeitlich auch Auszeichnungen in namhaften Restaurant-Führern und Fachmagazinen eingetragen hat. Ständig wechselnde Gerichte sorgen für Abwechslung auf dem Teller und zeugen von der Philosophie Michael Zahns, ausschließlich auf frische, saisonale Produkte der Region zu setzen.

So finden sich auf dem Tages-Speise-Zettel eine Roulade von geräuchertem und gebeiztem Lachs im Kräutercrepemantel mit Rucolacreme sowie Zander vom Grill mit Basilikumpüree, in Tomatensaft geschmortes Fenchelgemüse und Risotto. Ein Rezept vom

Wolfsbarsch hat uns Michael Zahn nach dem Besuch verraten.

Filet vom Wolfsbarsch auf Peperonatagemüse und Bärlauchrisotto
Für 4 Personen

Zutaten

2 Loup de mer (Wolfsbarsche) à 500g oder Filet à 150 g,
4 Riesengarnelen roh geschält,
4 Rosmarinzweige,
250 g Risottoreis,
500 g gemischte Paprikaschoten,
1 Aubergine, 1 Zucchini, 2 Schalotten,
frischer Bärlauch,
60 g frisch geriebenen Parmesan,
1 dl Weißwein,
1/2 l Gemüsebrühe, Knoblauch,
Kirschtomaten, Olivenöl,
Butter, Salz, Pfeffer, Rosmarin, Thymian
Für das Weißburgundersöße:
2 El geschnittene Schalotten,
2 dl trockener Weißburgunder,
80 g Butter, 1 dl Sahne, 1 El Schmand,
Salz, Cayenne, Zitrone

Zubereitung

Reduktion aus Schalotten und Wein mit Sahne und Schmand auffüllen, abschmecken, mit kalter Butter mixen. Gemüse schneiden, in Öl anbraten, mit Knoblauch, Salz, Pfeffer abschmecken, geschnittene Kräuter dazu. Filets würzen, auf Hautseite in Öl braten. Garnele mit abgezogener Kirschtomate und Rosmarinzweig spicken, würzen, in Olivenöl braten. Schalotten im Öl anschwitzen, Reis dazu, kurz vermengen und mit Weißwein ablöschen; mit Gemüsebrühe auffüllen und bissfest kochen, dazu Parmesan und pürierter Bärlauch.

**Restaurant Landhotel
„Alte Post"**

Heiner Mack

– Die Oase an der B3 –

D-79379 Müllheim/Baden

Telefon: 00 49 (0) 76 31 / 17 87 - 0
Telefax: 00 49 (0) 76 31 / 17 87 - 87

Kein Ruhetag

Welcher Einstieg für die „Alte Post" eignete sich mehr als die Reverenz, die einst Johann Peter Hebel der „z' Müllen an der Post" erwiesen hätte. Wahre Werte dieser Zeit: Markgräfler Lebensart vereint den Charme traditioneller Gastlichkeit mit gelebter Verantwortung für Leben und Natur. Ja, wie recht der deutsche Dichter, Denker und Freund des südwestlichen Zipfels der heutigen Republik auch hat, auf den Lorbeeren und den Lobliedern auf die alte Posthalterei möchte sich Heiner Mack nicht ausruhen.

In seinem Haus wird ein jugendlicher Stil umweltbewusster Verantwortung mit althergebrachter Gastfreundschaft eng verwoben. Das Schlichte und ein auf das sprichwörtlich natürliche Maß Zurückgeschraubte ist für den überzeugten Freund intakter Umwelt Credo und Lebensmaxime gleichzeitig. Mack nennt dies „die Eleganz der Einfachheit": Atmosphäre, Inspiration und Wohlbefinden dank anspruchsvoller, leichter Küche und traditioneller Markgräfler Gastlichkeit.

Das spürt der Gast in der jung und jugend-

Mangoldkrautwickel mit Ziegenfrischkäse gefüllt auf Couscous
Für 4 Personen

Zutaten

500 g Blattmangold,
400 g Ziegenfrischkäse,
120 g Broccoliröschen,
200 g Couscous, 10 g Sellerie,
10 g Karotten, 10 g Lauch,
50 g Zwiebeln,
10 ml Sonnenblumenöl, 50 g Butter,
15 g Salz, 50 g Crème fraiche,
150 g Kürbis Hokkaido, weißer Pfeffer,
1 l Gemüsefond

Zubereitung

Mangoldblätter in kochendem Wasser kurz blanchieren, in Eiswasser abschrecken und trocken tupfen; Broccoli in Salzwasser gar kochen und abschrecken; Ziegenkäse salzen, pfeffern und vermengen, Broccoli unter den Käse mengen und mit zwei Löffeln 4 große Eier formen; die Masse auf die Mangoldblätter geben und zuwickeln. Krautwickel in gebutterte Auflaufform geben, mit Butter bestreichen und etwa 15-20 Min. im Ofen (150°) backen; Zwiebeln mit Kürbiswürfeln anschwitzen, mit Mehl bestäuben, salzen, pfeffern, mit Sahne und $\frac{1}{2}$ l Fond auffüllen, ca. 10 Min. kochen; mit Stabmixer pürieren und durch ein Sieb passieren.
Karotten, Sellerie schälen und mit Lauch in kleine Würfel schneiden; Gemüse in Öl anschwitzen, mit 250 ml Fond auffüllen, salzen und aufkochen; Topf vom Herd nehmen und unter Umrühren 200 g Couscous zugeben, 3 Min. quellen lassen, etwas Butter zugeben und kurz aufkochen lassen.

---

lich wirkenden „Alten Post" auf Schritt und Tritt, auch und gerade in den Hotelzimmern. Ausschließlich baubiologische Materialien kommen darin vor, Betten und Böden aus Massivhölzern wie Eiche und Kastanie. Auf die Verwendung schädlicher Lacke wird gänzlich verzichtet. Dafür streicht man in Naturfarben und richtet sogar japanische Zimmer ein.

Dass so konsequente Verantwortung weder mit Genussfeindlichkeit noch unnötig verkrampfter Askese einhergeht, beweist die Küche in eindrucksvoller Manier. Vital und regional in ihrer Ausrichtung bezeichnet sie Mack selbst. Alles andere würde im Rahmen eines auf die Umwelt und die Bedürfnisse seiner darin lebenden Menschen zugeschnittenen Konzeptes auch keinen Sinn machen. Schön zu erleben ist dabei, dass sich lebensbejahende Kreativität gerade unter Einhaltung dieser Maßstäbe in beeindruckender Weise entfaltet.

Ein deutlich vegetarischer Schwerpunkt lässt sich beim Blick in die Speisenkarte nicht leugnen und regt die von allerlei Alltagskost oftmals abgestumpften Geschmacksnerven angenehm an. Suppe von grüner und weißer Petersilie ist vorneweg zu haben, genauso wie Salat von Hirse und Fenchel mit gebackener Gemüsetasche. Beim Fisch gefällt die pochierte Rotzunge mit Garnelen in Hummersauce ebenso wie das Wallerfilet aus dem Wurzelsud. Neben dem Posthalter-Menu, viergängig mit mariniertem Thunfisch, Pot au feu von der Barberie-Ente, Filet vom Hinterwälder Weiderind und einem abschließenden Kompott von Zwergorangen mit Tonkabohneneis, wird die „Alte Post" ihrer Linie in einem gleichfalls viergängigen vegetarischen Menu gerecht.

GASTHOF „OCHSEN"

Deutschlands" gehört und sie zu Recht im Markgräfler Land gewähnt hat.

So nimmt es wenig Wunder, dass sich einige mediterrane Elemente in die badische Küche von Hans Adam geschmuggelt haben, obschon der Patron vehement widerspricht. Aber umgekehrt ließen sich damals wie heute auch schweizerische wie französische Cuisiniers von den Vorzügen und Eigenheiten der badischen Küche inspirieren. Sei's drum: Was im „Ochsen" auf den Tisch kommt, schmeckt. Ob saisonal bedingte Klassiker oder regionale Spezialitäten: Der Wirt hat seine Hausaufgaben gemacht. Stationen zu den guten Zeiten der Häuser im „Adler" in Hinterzarten, im „Erbprinzen" in Ettlingen sowie bei Katzenberger in Rastatt und im Hotel Römerbad in Badenweiler haben das künstlerische Profil Hans Adams nachhaltig geprägt. Kalbskopf und das badische „Leberle sauer" bereitet er ebenso gekonnt zu wie eine Gänseleberterrine. Auf der Karte finden sich deshalb neben Trüffel und Fettuccini auch Innereien, wie ein Kalbsbries.

Dreimal im Jahr gibt es im Ochsen ein Schlachtfest, das hier „Metzgede" heißt.

Wer sich dem „Ochsen" in Feldberg nähert, sollte dies behutsam tun. Nicht dass das massive Anwesen der Familie Adam-Eglin aus dem Jahre 1763, außerhalb von Müllheim am Rhein gelegen, zu übersehen wäre. Nein, es lohnt einfach, sich diesem traditionsreichen und von Gästen der Gesellschaft früher wie heute gerne besuchten Gasthaus mit Ruhe und Bedächtigkeit zuzuwenden.

Fangen Sie am besten im Garten an. Das ist keine herrschaftliche Grünanlage, wie man sie in mondänen Badeorten an der Côte d'Azur oder im gleichfalls mindestens mondänen Baden-Baden antrifft, sondern ein mit Liebe gepflegtes Kleinod an Gastlichkeit und Verbundenheit zur Natur.

„Bauerngarten" nennt dann auch Hans Adam das von der Mutter seiner Frau Gudrun gepflegte Stück Erde, aus dem in der warmen Jahreszeit duftende und in allen Facetten der Naturfarben sprießende Kräuter erwachsen. Über diese kleine Insel der Glückseligkeit hinweg streift der Blick unter dem Schatten spendenden Baum hindurch in die grüne Lunge des Rheintals hinunter. An diesem Ort versteht, wer von der „Toscana

Gasthof „Ochsen"
Familie Gudrun und Hans Adam-Eglin

Bürglenstraße
D-79379 Feldberg-Müllheim

Telefon: 00 49 (0) 76 31 / 35 03
Telefax: 00 49 (0) 76 31 / 10 93 5

Ruhetag im Restaurant: Donnerstag

Dann kommen in einzelnen Gängen Kessel-
fleisch, Blut- und Leberwürste sowie Prägel-
gulasch auf den Teller. Für den Service
zeichnet Gudrun Adam verantwortlich. Sie
ist die Seele des Hauses. Damit der „Ochsen"
noch möglichst viele weitere Jahre als die

bisher 340 in Familienbesitz bleibt, haben
die beiden Töchter des Hauses bereits gastronomische Ausbildungen in den renommierten Schwarzwälder Herbergen der
„Traube" in Tonbach und dem „Bareiss"
absolviert.

Rehnüsschen an Pfeffersauce

Zutaten

300 g Rehnüsschen von der Keule
(sauber pariert), Butterschmalz,
Salz, Pfeffer aus der Mühle
Für die Pfeffersauce: 500 g Rehknochen
3 El Erdnussöl, 1 kl. Karotte, 1 finger-
dickes Stück Sellerieknolle, 1 Zwiebel,
1 Tl Tomatenmark, 2 Tl Preiselbeeren,
40 g Butter, 2 cl Cognac, 8 Pfefferkörner, 1 Lorbeerblatt, 1 Zweiglein
Thymian, 1 Zweiglein Rosmarin,
1 l Wildfond oder Kalbsbrühe, 1 dl Rotwein, $^1/_2$ dl Portwein, 30 g Butter

Zubereitung

Das Rehnüsschen salzen und pfeffern
und in Butterschmalz ca. 10 Min. anbraten. Dann ca. 10 Min. im Ofen bei
180° weiterbraten. Das Rehnüsschen
aus den Ofen nehmen und etwas ruhen
lassen. Das Rehnüsschen aufschneiden
und auf dem Teller plazieren. Für die
Sauce Rehknochen von der Keule und
die hautigen Abschnitte klein hacken
und in einem gusseisernen Topf mit
Erdnussöl anrösten. Das in Würfel geschnittene Wurzelgemüse und die
Zwiebeln hinzufügen und mit anrösten.
Mit einem Schuss Cognac flambieren.
Die Gewürze dazugeben, mit der Wild-
brühe etwas angießen, einkochen lassen, damit die Sauce Glanz bekommt.
Diesen Vorgang einige Male wiederholen. Mit der restlichen Brühe auffüllen
und mind. 1,5 Std. köcheln. Durch ein
feines Sieb passieren und wieder zum
Kochen bringen. Die Sauce zu einer si-
rupartigen Konsistenz einkochen, den
Rotwein und den Portwein dazugeben
und wieder reduzieren. Mit der Butter
binden. Mit Pfeffer nachwürzen. Er-
hitzte Pfeffersauce mit etwas Butter
montieren und angießen. Mit Pilzragout garnieren, Rotkraut und Spätzle
dazu reichen.

ERSTE MARKGRÄFLER WINZERGENOSSENSCHAFT

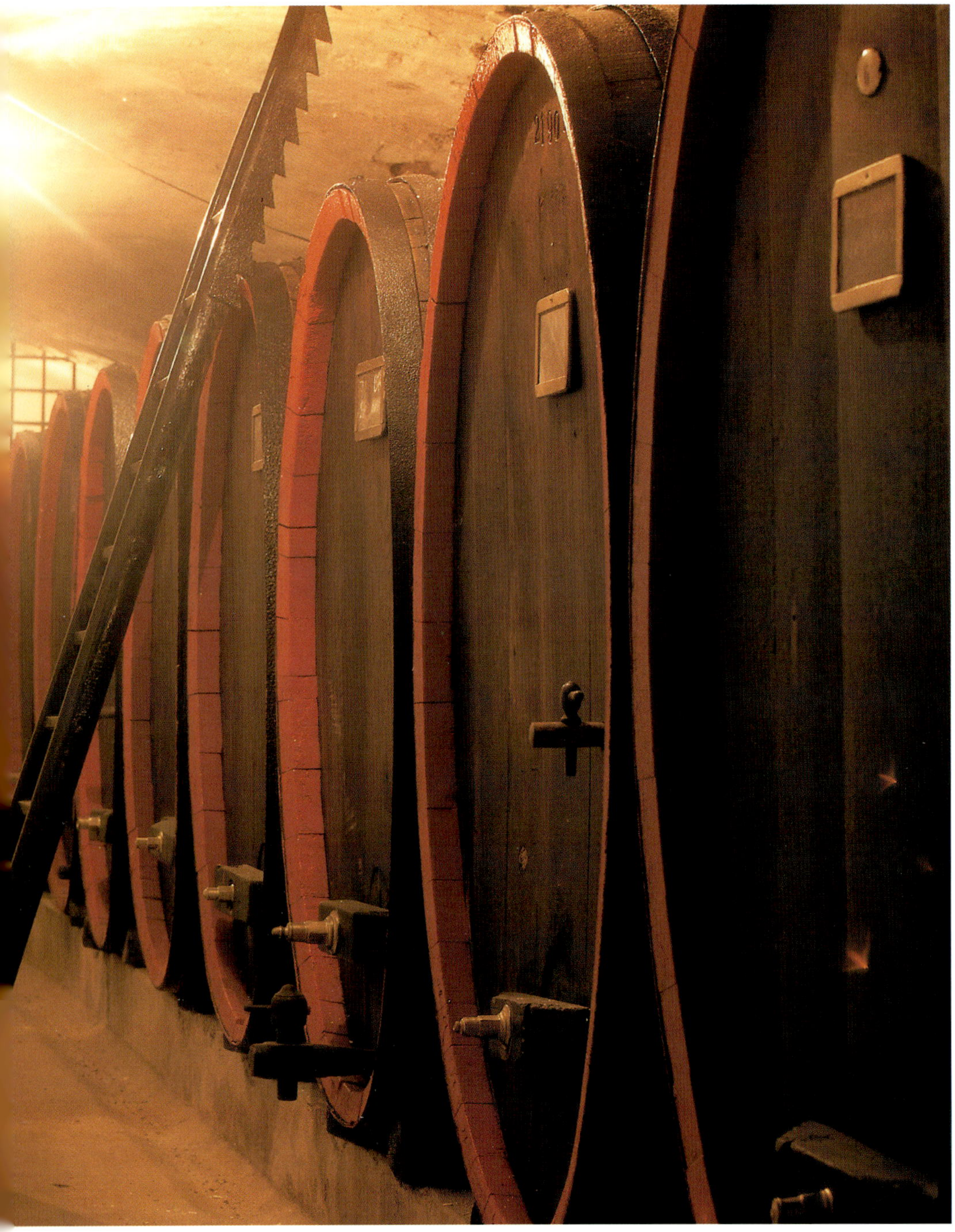

Erste Markgräfler
Winzergenossenschaft
Schliengen-Müllheim e.G.
Wolfgang Grether

Am Sonnenstück 1
D-79418 Schliengen

Telefon: 00 49 (0)76 35/81 12-0
Telefax: 00 49 (0)76 35/81 12-14

Der Wein blickt nicht nur im Markgräfler Land auf eine lange währende Tradition zurück. Die Römer brachten einst die ersten Reben nach Germanien und kultivierten damit ein Getränk, ohne das das Leben um vieles ärmer wäre. Winzergenossenschaften, wie sie heute auch im Südwesten der Republik existieren, entstanden allerdings erst zu Beginn des vergangenen Jahrhunderts. Und wie der Name schon sagt, war die in Schliengen 1908 vom Ortspfarrer Leonhard Müller gegründete die erste zwischen Freiburg und Basel.

Aller Anfang war schwer: Der Weinhandel hatte die Erzeuger fest im Griff und drückte die Preise. Aus der Not eine Tugend machend und die Zukunft der Winzer im Visier, warb der Geistliche, der den zu seiner Pfarrei gehörende Rebbesitz eigenhändig bewirtschaftete und auf eigene Rechnung weitere Flächen, erste Fässer aus dem Elsass und eine Kelteranlage zukaufte, gegen alle Widerstände für die Gründung eines Winzervereins, der schließlich am 9. August 1908 mit 36 Mitgliedern aus der Taufe gehoben wurde.

Unter den Gründungsmitgliedern war auch Karl Tröndlin, der erste Vereinsküfer, dessen Sohn und Enkel bis ins Jahr 2001 hinein die Kellerkunst von Vater und Großvater kontinuierlich ausbauten. 75 Jahre später sind 350 Weinerzeuger in der Genossenschaft organisiert und liefern mit ihren Trauben auf einer Rebfläche von rund 190 Hektar die Grundlage für die Produktion von mehr als eineinhalb Millionen Flaschen pro Jahr. Zwischen Gründung und Jubiläum des

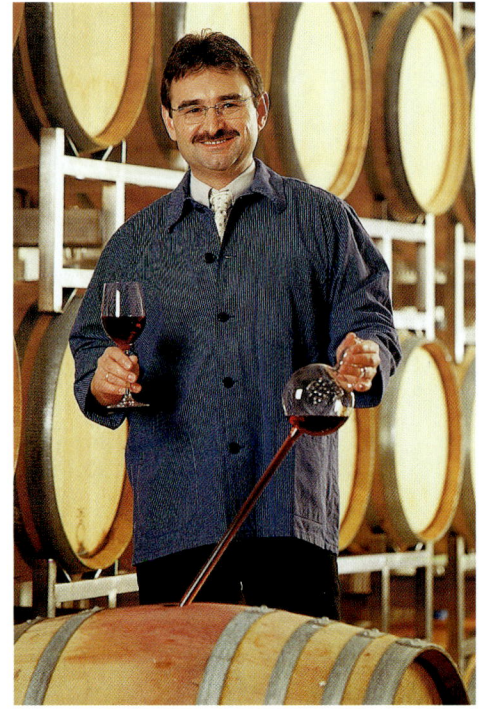

75- jährigen Bestehens in 2003 lagen aufregende, nicht immer einfache, vor allen Dingen aber letztlich erfolgreiche Jahre, die den erzeugenden Winzern nicht nur Erträge und damit eine solide Zukunft sicherten. Vielmehr noch verschafften sie, in enger Zusammenarbeit mit denen in drei Generationen wirkenden Kellermeistern der Familie Tröndlin, den Weinen ihres Anbaugebietes einen über die Grenzen der Region respektablen Klang.

Jüngste Meilensteine in der positiven Entwicklung: Viele von der Sonne begünstigten Süd- und Steillagen um Badenweiler und Müllheim kamen mit dem Zusammenschluss der Markgräfler Lindenhof e.G. zur Ersten Markgräfler Winzergenossenschaft in 2001 zu den bisherigen Anbauflächen hinzu, darunter der höchstgelegene Rebhang der Region: das Feldberger „Paradies". Das markante Erkennungszeichen der WG, das Schliengener „Sonnenstück", wird da schon seit 1971 von den Genossenschaftsmitgliedern bewirtschaftet.

Auf 40 Prozent des Bodens werden Spätburgunder und Pinot Noir Rotwein angebaut. Fast genauso viel Raum nimmt die im

Markgräfler Land so populäre Gutedeltraube ein, deren Erzeugnisse von Kellermeister Armin Sütterlin in allen Qualitätsstufen, vom einfachen QbA bis zum Eiswein, ausgebaut wird. Einen Weltrekord haben die Genossenschaftler bei der Gutedellese am 25. Januar 2003 aufgestellt. Bei minus 15° C haben sie Trauben für 60 Liter Gutedel mit einem Öchslegehalt von 266° gelesen und gleich gekeltert. Preis pro Flasche: 1 Euro pro Grad Öchsle.

Lohn dieser Anstrengungen sind Preise wie jener des Gutedel-Cup in den Jahren 2000

bis einschließlich 2002. Darüber hinaus heimste die WG zwölf Ehrenpreise des Badischen Weinbauverbandes und seit 1985 achtundachtzig Große Preise und dreihundertfünfundfünfzig Goldmedaillen im Rahmen der Bundesweinprämierung ein. „Damit liegen wir in Deutschland in punkto Kontinuität in Qualität ganz weit vorne", bestätigt Geschäftsführer Wolfgang Grether die Ausnahmestellung der Ersten Markgräfler Winzergenossenschaft.

Das erlesene Weinangebot in den Probier- und Verkaufsstuben im „Lindenhof" in Müllheim, im „Winzerstüble am Sonnenstück" in Bad Bellingen sowie der „Vinothek" in Badenweiler und in Schliengen kann sich sehen und schmecken lassen: Im Sortiment befinden sich badische Spitzen-Rotweine aus der Edition Schloß Bürgeln, aus dem „Lindenhof", Mauchen und eben dem Schliengener Sonnenstück. Daneben stehen edle Weißweine und Winzersekte, prämierte Grau-, Weiß- und Spätburgunder, sowie viele weitere Spezialitäten und Raritäten zur Auswahl.

Jüngster Spross ist die „Graf Zeppelin"-Edition, die die 1929 bei der Weltfahrt des Luftschiffes in einem 1928er Müllheimer Reggenhag Gollen begründete Zusammenarbeit mit der Deutschen Zeppelin Reederei 74 Jahre später mit einem Gutedel, Pinot Noir und einer cremefarbenen Sektspezialität neu belebt.

WEINGUT BLANKENHORN

Schliengen. 1847 eröffnete Johann Friedrich Blankenhorn als Spross von Landwirten und Weinbauern eine Weinhandlung in Obereggenen. Zehn Jahre später ersteigerte die Familie schließlich die ehemalige Poststation, in der das Weingut noch heute in der fünften Generation zu Hause ist.

Dazwischen liegt ein kometenhafter Aufstieg der Blankenhornschen Weine. Zwischenzeitlich nur durch einen österreichischen Maler und englische Bomberpiloten gebremst, hat sich das Weingut nach harten Jahren des Wiederaufbaus unter neuen Vorzeichen zu alter Blüte entwickelt. Großen Anteil daran trägt der Vater der heutigen Eigentümerin, Klaus Blankenhorn, der in die Geschichte des Markgräfler Weinbaus alleine schon deshalb einging, weil er als Erster die Bodenfläche der Weinberge begrünte.

Bis heute setzt sich die Tradition eines naturnahen und umweltschonenden Weinanbaus fort.

Die Düngung erfolgt in erster Linie mit natürlichen, organischen Substanzen wie Tresterkompost, Gänsefedern und Pferdemist. Die Federdüngung, bei der wertvolle Nährstoffe nur langsam und deshalb nicht auswaschbar an den Boden abgegeben werden, stammt von Roy Blankenhorns Kellermeister und Betriebsleiter. Fritz Deutschmann, der Ideen und Konzepte mit unermüdlicher Energie und fundiertem Wissen in die Tat umsetzt, hat sie von seinem ost-

Wer sich aufmacht zu einer Entdeckungsreise durch das Markgräfler Land wird neben den vielen guten Adressen der hervorragenden Gastronomie am Weingut Blankenhorn in Schliengen nicht vorbeikommen. Es ist eines von nur zwei privaten Weingütern im Verband Deutscher Prädikats- und Qualitätsweingüter, reich an besten Tropfen, bewegter Vergangenheit und bester Beweis für die Symbiose von gutem Essen und Trinken in einer Region, die gesegnet ist mit dem Besten, was die Natur an schmackhaften Genüssen zu bieten hat.

Der Stammbaum der Familie Blankenhorn lässt sich im Markgräflerland bis in das Jahr 1600 zurückverfolgen. Zwei Familienzweige entstehen, von denen einer nach Müllheim führt und der andere, der uns hier mehr interessiert, nach

Weingut Blankenhorn
Roy Blankenhorn

Baslerstraße 2
D-79418 Schliengen

Telefon: 00 49 (0) 76 35/8 20 00
Telefax: 00 49 (0) 76 35/82 00 20

internationalen Vergleich nicht zu scheuen. Rotwein reift im Barrique zu internationaler Größe, und die Palette bester Gutedel- und Burgunderweine lassen Kenner mit der Zunge schnalzen. Aus den Trauben selbst macht das Weingut neben köstlichen Kreszenzen höchst interessante Nebenprodukte. Da sind beispielsweise ein Traubenbrand, destilliert aus ausgesuchten vollreifen Trauben, ein Marc vom Badischen Spätburgunder, aus den gekelterten Trauben destilliert und im Eichenholzfass gereift sowie ein Marc vom Gewürztraminer. Nicht unerwähnt bleiben soll der Balsamessig aus einer Ruländer Auslese, nach dem die Köche der Markgräfler Spitzengastronomie gerne Schlange stehen.

preußischen Vater übernommen. Unkrautvernichtungsmittel sind bei Blankenhorns übrigens aus Überzeugung tabu.

Ehrgeizige Ziele hat man sich hier immer gesetzt. Roy Blankenhorn, in den 70er Jahren Badische Weinkönigin und später Deutsche Weinprinzessin, formuliert sie so: „In einer Zeit der Globalisierung des Weinmarktes wollen wir den ehemals großen Weinkellereibetrieb zu einem exklusiven Privatweingut der Spitzenklasse weiterentwickeln." Keine Frage: Ein Gutteil der Strecke ist zurückgelegt.

Mit erstklassigen Erzeugnissen genießt das Weingut heute einen festen Platz unter den besten Weingütern Deutschlands.

Die Mitgliedschaft im VDP ist nur sichtbarer Ausdruck eines kompromisslosen Qualitätsstrebens, das bei überwiegendem Anbau gebietstypischer Rebsorten, wie beispielsweise dem Gutedel, einem überdurchschnittlichen Anteil an Prädikatsweinen bester Lagen und reduzierten Erträgen erstklassige Resultate überhaupt erst möglich macht. 25 Hektar Rebfläche in bester Süd-West-Lage bewirtschaftet die hoch motivierte Mannschaft des

Weingutes. Neben dem Gutedel dominieren Spät-, Weiß- und Grauburgunder sowie Riesling und Chardonnay den Sortenspiegel. Die Resultate gemeinsamer Anstrengungen lassen sich sehen und brauchen auch den

GASTHAUS „REBSTOCK"

Gasthaus „Rebstock"
Familie Krause-Aberer

Kanderner Straße 21
D-79588 Efringen-Kirchen/Egringen

Telefon: 00 49 (0) 76 28/90 37-0
Telefax: 00 49 (0) 76 28/90 37-37

Ruhetage: Montag und Dienstag

Nicht selten verbinden sich Wein und genussreiche Gastfreundschaft mit lange währender Tradition – ganz so wie im „Rebstock" der Familie Krause-Aberer in Egringen, einer kleinen Ortschaft inmitten des Markgräflerlandes und nicht weit entfernt von der schweizerischen und französischen Grenze. Auch wenn der Rhein über Jahrhunderte hinweg schon fließende Grenze zwischen den Ländern war, gastronomische Einflüsse hat der Strom nie aufzuhalten vermocht, was sich im „Rebstock" auf vielfältige Weise niederschlägt.

„Eigentlich sind wir die gute Stube Basels", sagt Dieter Krause, der gemeinsam mit seiner Frau Brunhilde das gastfreundliche Haus im ruhigen Ortskern nun schon in siebter Generation führt. So weit er sich erinnern kann, kommen die Bürger Basels in das idyllisch gelegene Gasthaus, um dort die gute badische Küche, angereichert mit den Wohltaten des mediterranen Lebens- und Kulturraumes zu genießen. Denn die Wurzeln des „Rebstock" liegen in der Schweiz.

Im Jahr 1392 erwarb das Basler Spital der armen Dürftigen vom Kloster St. Gallen einige Güter, worunter sich auch ein Teil der Ortschaft Egringen befand. Zur Verwaltung des Gutes wurde ein so genannter Spitalmeyer bestimmt, der nur wenig später im heutigen „Rebstock" die Schankerlaubnis zum Verkauf des Zehentweines erhielt. Über 400 Jahre verblieb das Haus im Besitz des Spitals Basel ehe es zu Beginn des 19. Jahrhunderts Namen und „Realgastrecht" verliehen bekam. Die Familie Aberer in Person des 19 jährigen Johann Friedrich Aberer mit Zustimmung seines Onkels, dem Bürgermeister J. G. Aberer, erwarb es 1853 für 7500 Gulden. Seitdem befindet sich das Haus in Familienbesitz und ist institutioneller Begriff für Gastlichkeit und gute Küche.

Das Küchenjahr im „Rebstock" richtet sich nach den Jahreszeiten. Spargel und Bärlauch und Gitzi gibt es im Frühjahr. Pfifferlinge und Salate dominieren in den Sommermonaten, wenn der Gast auf der mit Schatten spendenden Bäumen gesegneten Terrasse Ruhe und Entspannung sucht. Wild aus heimischen Wäldern, insbesondere das Wildschwein, bietet Dieter Krause im Herbst an. Gekocht wird im „Rebstock" mit ausschließlich frischen Produkten aus regionaler Produktion. Obst und Gemüse ersteht der Wirt bei aktiven Bauern im Ort, für den Geflügelkauf fährt er ins benachbarte Elsass. Zur guten Tradition im Markgräflerland gehört es, dass Gastronomie und Weinbau einträchtig Hand in Hand gehen. Bis vor kurzem noch hat Dieter Krause das hauseigene Weingut selbst bewirtschaftet. Jetzt baut Winzermeister Dirk Brenneisen Weiß-

und Spätburgunder, Chardonnay und Gutedel an, die sich im Rahmen von Kellereiführungen und Weinproben in dem direkt unter den gemütlichen Gaststuben befindlichen uralten Gewölbekeller verkosten lassen.

Rehrücken, Rosenkohlblätter mit Steinpilzen und Preiselbeerravioli
Für 4 Personen

Zutaten

1200 g Rehrücken, 1 El Wildgewürz, $1/2$ l Rotwein, 10 cl Madeira, 1 Tl Tomatenmark, Röstgemüse, 500 g Rosenkohl, 300 g Steinpilze, Zwiebelbrunoise, Salz und Muskat, 300 g Nudelteig, 100 g Ricotta, 100 g Preiselbeerkompott, 50 g geröstete, gemahlene Mandeln

Zubereitung

Rosenkohlblätter vom Strunk lösen, in Salzwasser kurz blanchieren, in Eiswasser abschrecken; Pilze putzen, in 1 cm breite Streifen schneiden; Rehrücken auslösen, sauber parieren, Knochen fein hacken und mit Abschnitten, Gemüse und Gewürzen Wildsauce herstellen und einreduzieren; ausgelösten Rehrücken salzen, pfeffern und rundherum anbraten; bei 160° ca. 12 Min. im Ofen rosa garen; Steinpilze mit Zwiebelbrunoise in Butter anbraten, Rosenkohlblätter zugeben, durchschwenken, mit Salz und etwas Muskat würzen; zur gleichen Zeit die Ravioli in kochendem Salzwasser 5 Min. garen, dann abtropfen lassen. Reduzierte Wildsauce auf einen Teller geben, Rehrücken in dünnen Scheiben aufschneiden und fächerförmig auf die Sauce legen, Rosenkohl mit Steinpilzen und die Ravioli kreisförmig anrichten, mit einer frisch gekochten Birnenhälfte garnieren. Guten Appetit!

Aus der Region um Jericho, der ältesten Stadt der westlichen Hemisphäre, stammt vermutlich die Gutedeltraube, die das Bild des Weinbaus zwischen Freiburg und Rheinfelden - übrigens auch darüber hinaus – mit 42% der Anbaufläche im Wesentlichen bestimmt und die dem Markgräfler Land den Beinamen „Gutedelland" eingetragen hat. Zwar betrieben schon die alten Römer kultivierten Weinbau, doch datieren erste geschichtliche Quellen, die dies belegen, erst aus der Zeit um 670 n. Chr. Gut 1100 Jahre später ließ Markgraf Karl Friedrich erste Setzlinge des Gutedel aus der Region um den Genfer See, genau aus Vevey, ins Land bringen. Heute ist die Region untrennbar mit dieser Rebsorte verknüpft, deren Wein damals noch „Viviser" genant wurde. Ihre Trauben, angebaut auf sonnenzugewandten Hanglagen, gedeihen auf den bekannt guten Löß- und Lehmböden der Region prächtig. Der Wein, der sich durch milde Säure und einen charakteristischen Nusston auszeichnet, gilt als bekömmlicher Zechwein und wird in jüngster Zeit insbesondere in den Ehrenkircher Lagen zu qualitativ hochstehenden Spät- und Auslesen sowie mittels langer Hefelagerung zum „Chasslie" veredelt. Unter ganz ähnlichem Namen, nämlich „Chasselat" ist die Traube übrigens noch heute in der französischen Schweiz bekannt.

Bei so guten Tropfen in herrlichen Lagen nimmt es kein Wunder, dass Deutschlands große Dichter und Denker ihr Glück in Worte fassten: „Glückliches Land, wo der Wein vor der Kulisse des Schwarzwaldes reift", rief Johann Wolfgang von Goethe den Menschen zu. Dieses überlieferte Lob rinnt den Kehlen der Markgräfler natürlich noch heute hinunter, wie der Wein aus dem hohen „Zahnglas" genannten Gefäß selbst.

Die erste urkundliche Erwähnung des Weinbaus am Oberrhein stammt aus dem Jahr 716 – dokumentiert in einer Schenkung zu Ebringen. Und die aus dem 12. Jahrhundert überlieferte Rebordnung von Bad Bellingen gilt als die älteste in Deutschland überhaupt. „Jeder Bauer muss jährlich auf sein Mann-

werk sieben Fuder Mist führen. Er muss den Rebstock gruben und zuhacken, den Boden mit Spaten oder Karst zweimal roden, die Stöcke in der Setzgrube zeilenweise mit frischer Erde rings umhäufeln und dann noch einmal nachhäufeln. Er muss seinen Weinberg zäunen, einhagen und mit einem ringsum laufenden Zaun einfrieden, auch das Holz selbst herbeischaffen, das er zu Pfählen und Rebsticheln braucht. Wenn dann die Rebe schosst, hat sie der Winzer an Blatt und Geizen auszubrechen." Sehr viel später sinnierte der alemannische Mundartpoet Johann Peter Hebel über sein „Paradiesgärtlein": „Z' Staufe uffem Märt, hen sie was me gehrt. Tanz und Wi und Lustberkeit, was eim numme's Herz erfreut...". Das „Gutedelland", mit über 3000 Hektar Weinbergen nach dem Kaiserstuhl das größte unter den neun Anbaugebieten Badens, umfasst die drei Großlagen Lorettoberg, Burg Neuenfels und Vogtei Rötteln. Zwischen den nördlichsten Einzellagen Freiburger Jesuitenschloss und St. Georgener Steinler und dem Hertener Steinacker im Süden lassen so bekannte Lagen wie Maltesergarten, Castell- und Altenberg, Auggener Schäf, Schliengener Sonnenstück, Feuer-

bacher Steingäßle, Blansinger Wolfer oder Weiler Schlüpf die Herzen von Weinkennern aus aller Welt höher schlagen. Neben dem Gutedel dominieren Müller-Thurgau, Spät- und Weißburgunder. Eine Besonderheit ist der „Nobling", eine Kreuzung aus Silvaner und Gutedel, eine weitere der „Freisamer", eine Kreuzung aus Silvaner und Ruländer, dessen Namen aus Freiburg und Dreisam kreiert wurde. Alle Weinberge im „Gutedelland" werden nach den Kriterien des umweltschonenden Weinbaus unter völligem Verzicht auf Herbizide, mit nur fein dosierten Insektiziden, sparsamster Düngung und ganzjähriger Begrünung der Böden bewirtschaftet – in derart geschlossener Formation erstmalig in Deutschland und weltweit führend. Einige Weingüter und Winzergenossenschaften produzieren sogar nach den noch strengeren kontrolliert-ökologischen Kriterien von „Ecovin". Sie lehnen chemische Schädlingsbekämpfung und Kunstdünger radikal ab.

BEZIRKSKELLEREI MARKGRÄFLER LAND

Bezirkskellerei
Markgräfler Land
Geschäftsführer Gerhard Rüdlin

Winzerstraße 2
D-79588 Efringen-Kirchen

Telefon: 00 49 (0) 76 28/91 14-11
Telefax: 00 49 (0) 76 28/29 76

Öffnungszeiten
„Markgräfler Weinmarkt":
Montag bis Freitag von 8 bis 12 Uhr
und von 13.30 bis 18 Uhr,
Samstag von 9 bis 13 Uhr

Wer ein Buch über die kulinarischen Perlen des Markgräfler Land schreiben möchte, kommt an den Reben, die in der südlichsten Weinbauregion Deutschlands und längs der Badischen Weinstraße wachsen, naturgemäß und gottlob nicht vorbei. Eine wichtige Rolle im Weinbau dieses Landstriches spielen dabei Winzergenossenschaften.

Die Bezirkskellerei Markgräflerland in Efringen-Kirchen ist im Weinland Baden beispielhaft. Im Herbst 2002 feierte der Zusammenschluss von annähernd 700 Winzerfamilien sein 50-jähriges Bestehen. Mit richtungsweisenden Investitionen haben Geschäftsführer Gerhard Rüdlin, der seit mehr als 30 Jahren auf der Kommandobrücke der Genossenschaft steht, Vorstand und Aufsichtsrat in all den Jahren die Weichen für eine prosperierende Gegenwart und Zukunft der Kooperation gestellt. Der kontinuierliche Aufwärtstrend spiegelt sich sowohl in der baulichen Entwicklung auf dem Areal in Nähe zur Hauptverkehrsader, der Bundesstrasse 3 wider, als auch in der stetig wachsenden Zahl an Mitgliedern und Qualitätsreben. Womit wir jetzt endlich beim Wein wären.

Ein Garant für die Qualität der Weine der Bezirkskellerei, deren Anbaufläche mittlerweile über 400 Hektar umfasst, ist deren Kellermeister. Günter Ehret, vor seiner Karriere im Keller übrigens Fußballprofi beim SC Freiburg, trinkt, man lese und staune: Pils – aber nur im Herbst, wenn es seine Aufgabe ist, neuen Wein zu probieren.

Dann nimmt der Kellermeister gerne auch mal ein kühles Blondes zur Brust, allerdings nur als Kontrastprogramm.

Wenn draußen die Blätter von den Bäumen fallen, sieht es in Ehrets Reich aus, als habe soeben eine Feuerwehrübung stattgefunden. Schläuche liegen kreuz und quer, kleine Bäche bahnen sich den Weg zum nächsten Ablauf. Im Schnitt liefern die Winzer täglich etwa 200 000 Kilo Trauben an, aus denen Ehret das Beste herausholt: Gutedel, mit rund 43 Prozent die Hauptanbausorte und 1999 mit dem „Gutedel-Cup" ausgezeichnet, Spätburgunder, Weißburgunder und Müller-Thurgau, um nur die wichtigsten zu nennen. Spezialitäten des Hauses sind der Weiß- und Grauburgunder, Chardonnay und Riesling. Daneben werden vor allen Dingen dem Muskateller, Nobling und Gewürztraminer besonderes Augenmerk geschenkt.

Eines gilt für alle Weine: Qualität vor Quantität. Schon beim Rebschnitt werden die Weichen für Klasse statt Masse gestellt. Entscheidende Qualitätskriterien sind neben der Arbeit im Keller, die Gestaltung eines eigenen unverwechselbaren Stils sowie die enge und fruchtbare Zusammenarbeit von Kellermeister und Winzern. „Durch deren

Einsatz und Können gedeihen bei uns schlanke, frische und grazile Weine von großem Geschmacksreichtum und einer beeindruckenden Sortenvielfalt", unterstreicht Gerhard Rüdlin die Philosophie seines Unternehmens. Seit 1989 werden zudem Winzersekte nach traditioneller Flaschengärung hergestellt. 1987 hat die Bezirkskellerei für eine trockene 85er Blansinger Wolfer Spätlese den Deutschen Rotweinpreis erhalten. Auf der trockenen Welle schwimmen die Markgräfler immer noch, „doch darf der Wein heute auch ein Schwänzle Restzucker haben", erkennt Kellermeister Ehret Unterschiede zu früheren Zeiten. Er nutzt den biologischen Säureabbau bisweilen sogar bis Ostern, weil sich dann auch die feinen Aromen besser entfalten. Der erfahrene Weinbautechniker spielt zwar gerne mit Cuvées, verwendet unterschiedliche Hefesorten und baut natürlich auch im Holzfass aus. „Aber in neue Trends hineinschießen, das mache ich nicht." Lohn für seine nun über 25-jährige leitende Tätigkeit im Keller der Bezirkskellerei Markgräfler Land sind zahlreiche Auszeichnungen und Prämierungen für seine „Kinder", die er Jahr für Jahr begleitet, bis er sie in die Welt hinauslässt.

Zu probieren und gottlob auch zu erstehen sind die feinen Tropfen übrigens im hauseigenen „Markgräfler Weinmarkt", in dem sich mit Weiler Schlipf, Isteiner Kirchberg, Efringer Ölberg und Ötlinger Sonnhole schon teilweise berühmte Lagen befinden.

HOTEL RESTAURANT „MÜHLE"

Hotel Restaurant „Mühle"
Familie Hansjörg Hechler

D-79589 Binzen

Telefon: 00 49 (0) 76 21/60 72-73
Telefax: 00 49 (0) 76 21/6 58 08

Ruhetag im Restaurant: Sonntag

„Ein Hotel zu führen ist das Schönste, was es auf der Welt gibt", sagt Hansjörg Hechler im Brustton der Überzeugung. Den Worten des Vollbluthoteliers keinen Glauben schenken zu wollen, hieße, den persönlichen wie wirtschaftlichen Erfolg seines Hauses und die Zufriedenheit des Patrons mit der von ihm und seiner charmanten Gattin Gill geführten „Mühle" in Binzen schlicht zu ignorieren. Wer nur wenige Minuten mit dem Mühlenchef plaudert, sich in Hotel und der Restauration umschaut, den kulinarischen Köstlichkeiten der Küche zuspricht, ist in Kürze von der Mission Hansjörg Hechlers angetan, die ihm offenbar schon mit der Geburt in die Wiege gelegt wurde.

Schon die Eltern Hansjörg Hechlers haben als Gastronomen gedient. Sie haben die „Krone" in Weil am Rhein zu einer beliebten Anlaufstation für Feinschmecker aus der Schweiz, Frankreich und dem gesamten Markgräfler Land gemacht. Der Familientradition folgend, führt sie nun sein Bruder Roland in eigener Regie.

Die Stationen des beruflichen Werdegangs von Hansjörg Hechler lesen sich wie ein „Who is who" der Spitzenhotellerie: Die Ausbildung erfolgte im Hotel Euler in Basel, das schon damals mit zwei Michelinsternen in seinen Restaurationen glänzte. Danach ging es ins englische „Imperial" nach Torquay, wo er auch seine Ehefrau Gill kennen und lieben lernte.

Als Absolvent der Hotelfachschule in Luzern ließ er sich seine bis dahin gesammel-

roter Kochmütze und drei roten Bestecken für „ein erstklassiges Restaurant mit besonders angenehmer Atmosphäre und einer sehr guten Küche, die mehr bietet als das Alltägliche."

Tatsächlich liest sich die Speisenkarte wie ein Freifahrtschein ins Markgräfler Paradies: Löwenzahnsalat mit Gizzileber, Oxtail claire au vieux Sherry, Viktoriabarsch in der Kartoffelkruste oder Kalbsfilet am Stück gebraten - eine Sünde wert. Dazu ergänzen badische Spezialitäten das Angebot: Nur wenige Wochen im Frühjahr, genau bis Ostern, gibt's das Beste vom Gizzi, der jungen Ziege; das gesamte Jahr hindurch Kutteln nach Art des Hauses und das Mistkratzerli aus dem Ofen. Besonders schön ist, dass in der „Mühle" noch am Tisch gearbeitet wird. Das Lammcarrée wird genauso wie das Chateaubriand vor dem Gast tranchiert – keine Selbstverständlichkeit in schnellen Zeiten wie diesen, wohl aber Beleg für einen Service, der sich als Dienst am Gast versteht. Mühelos setzt das Hotel an den hohen Qualitätsstandard der Küchenleistungen an. 20 Zimmer stehen erholungssuchenden Gästen zur Verfügung, unabhängig davon, ob diese gerade Urlaub machen oder geschäftlich in der Region zu tun haben. Den sehr komfortablen Unterkünften, in denen sich Hans-Dietrich Genscher, Helmut Newton und andere Prominente überaus wohlfühlen, merkt man die Detail achtende Hand von Gill Hechler an, die ihrer englische Herkunft und einer ausgeprägten Vorliebe für hochwertiges Mobiliar und feinste Stoffe auf das Angenehmste Ausdruck verleiht.

ten Erfahrungen bestätigen. Einmal in der Schweiz, folgten unter anderem verantwortliche Anstellungen im „Palace" in Gstaad, im „Schweizer Hof" in Bern sowie im legendären „Suvretta" in St. Moritz.

Zum 30. Geburtstag erfüllte sich der Hotelmanager alter Schule seinen Traum vom eigenen Betrieb und erwarb die bereits seit 1920 als Gasthaus geführte „Mühle" in Binzen, die er gemeinsam mit Gattin Gill fortan mit großer Begeisterung zu dem machte, was sie heute ist: eine erstklassige Adresse für Gourmets und Menschen, die sich abseits allen großstädtischen Trubels in entspannter Atmosphäre mit köstlichen Gaben verwöhnen lassen, die Küche und Keller zu bieten haben.

Das Credo Hansjörg Hechlers ist denkbar

einfach: „Es gibt nur zweiten Sorten von Küche - eine gute und eine schlechte." Die seinige zählt zur ersten Kategorie, basiert sie doch auf soliden Grundpfeilern: Einkauf nur hochwertiger, frischer Produkte, wenn möglich mit Bezug aus der Region und deren fachgerechte Zubereitung zu Speisen, die den Spagat zwischen bodenständiger badischer Küche und den gehobenen Ansprüchen einer anspruchsvollen Gourmetküche französischen Zuschnitts kompromisslos meistern. Selbstbewusst formulieren die Hechlers dies in ihrer Maxime der „feinen Markgräfler Art".

Derartiges Engagement bleibt naturgemäß nicht ohne Folgen. Der „Gault Millau" honoriert die Leistung der Haubenbrigade schon seit Jahren konstant mit 14 Punkten,

Das Beste vom Reh
„Baden-Baden"
mit Spätzle vom Brett,
Rotkraut und
glasierten Maronen
Für 4 Personen

Zutaten

400 g parierter Rehrücken
200 g Spätzlemehl,
2 Eier, Salz, Muskat,
etwas Mineralwasser;
1 Kopf Rotkraut, 1 Apfel,
5 g Maizena,
1/4 l Essig,
1 l Rotwein,
100 g Maroni, 20 g Zucker,

10 dl Orangensaft,
40 dl Wasser;
200 g Wildknochen,
50 g Mirepoix und Gewürzsäcklein,
2 dl Rotwein,
je 1/2 l Wasser und Sahne;
Für die Garnitur:
2 ganze Birnen, 80 g Preiselbeeren,
100 g gemischte Weintrauben

Zubereitung

Wildknochen anbraten, Mirepoix und Gewürz-
säckchen dazugeben, mit Rotwein ablöschen,
mit Wasser auffüllen und ca. 40 Min. köcheln;
Sauce abseihen, würzen, mit Sahne verfeinern;
Rotkrautkopf in 1 l Rotwein etwas Essig mit
Mirepoix und Gewürzsäckchen 24 Std. marinie-

ren, in feine Streifen schneiden, in Schweine-
schmalz andünsten, Zucker, Zimt und Lorbeer
zugeben und in etwas Wasser kochen, mit
einem Löffel Preiselbeeren und etwas Maizena
abbinden; Maroni in Caramel aufkochen und
zum Rotkraut servieren;
Zutaten für Spätzle gut miteinander vermengen
und so lange schlagen, bis der Teig Blasen
wirft, Teig dünn in kochendes Wasser schaben,
Spätzle einmal aufwallen lassen, kurz in Butter
schwenken und mit frischem Muskat abschmecken;
Rehrücken beidseitig stark anbraten, 8 bis
10 Min. ruhen lassen, kurz nachbraten und aufschneiden; gekochten Birnen aufschneiden, mit
Preiselbeeren füllen und anrichten;
Weintrauben und Pilze kurz in Butter anbraten,
sautieren und anrichten.

*H*och über Lörrach liegt die Burgruine Rötteln, in deren historischem Gemäuer nicht nur der Hauch aufregender Geschichte weht, sondern auch eine gepflegte Gastronomie beheimatet ist. Die Burgschenke setzt in ihrem äußeren modernen Erscheinungsbild einen überaus reizvollen Kontrast zum Zeit umwitterten Stein der Burgruine selbst und schlägt damit eine Brücke zwischen Vergangenheit, Gegenwart und Zukunft. Für das, was im Inneren der Burgschenke geboten wird, zeichnen Carsten und Dörthe Stein verantwortlich. Er hat in renommierten Häusern im In- und Ausland gelernt, unter anderem bei Dieter Müller in den Schweizer Stuben in Wertheim. Der gebürtige Niedersachse kocht in der Burgschenke „Badisch-Freistil". Damit ist keine Beliebigkeit in der Stilrichtung gemeint, wohl aber eine vielseitige Küche, die sich keiner speziellen stilistischen Richtung zuordnen lassen will. Täglich

wechselnde Tagesgerichte bestimmen das Angebot in den kleinen, gleichermaßen geschmack- wie liebevoll eingerichteten Restaurationen. Anlehnungen an die französische und mediterrane Küche und Gerichte mit regionalem Charakter sind durchaus beabsichtigt. Nicht nur die Spezialitäten des Hauses wie Schottischer Lammrücken auf Artischockenpüree und Rosmarinjus oder Rochenflügel mit Mangold und Olivenkartoffeln werden grundsolide, aber modern zubereitet. Besonderer Clou für alle, die dem Maître bei der Arbeit zusehen wollen: Eine kleine Terrasse im Innenhof bietet sowohl einen bezaubernden Ausblick über Lörrach, wie auch hinterrücks tiefe Einblicke in die Kochkunst Carsten Steins. Gattin Dörthe sorgt für einen

aufmerksamen Service. Im Sommer erfreut sich der unmittelbar vor der Schenke angelegte Biergarten großer Beliebtheit.

Burgschenke Rötteln
Carsten und Dörthe Stein

D-79541 Lörrach

Telefon: 00 49 (0) 76 21/521 41
Telefax: 00 49 (0) 76 21/521 08

Ruhetage: Sonntag und Montag

LANDGASTHOF „MAIEN"

Landgasthof „Maien"
Marco Weiß

Dorfstraße 49
D-79539 Lörrach-Tüllingen

Telefon: 00 49 (0) 76 21 / 27 90
Telefax: 00 49 (0) 76 21 / 27 66

Ruhetage: Montag und Dienstag

Von Inzlingen aus geht es mit einem kurzen Abstecher über Riehen in die Schweiz wieder retour, dieses Mal in den Lörracher Stadtteil Tüllingen. Hinauf windet sich die kleine Bergstraße bis zu einer Kuppe, von der aus man einen schönen Blick über das Wiesental hat. Kein Wunder also, dass gerade dort ein kluger Mann anno 1873 einen einstmals landwirtschaftlichen Betrieb umbauen ließ und sinnvoller Weise einer gastronomischen Nutzung zuführte.

Seit zwei Jahren ist nun die jüngste Generation am Werk. Marco Weiß hat das Zepter seiner Eltern übernommen und führt die lange Tradition Markgräfler Gastlichkeit fort, nicht ohne eigene Akzente zu setzen. Sein Rüstzeug hat sich der junge Chef des „Maien" im legendären „Kranz" in Lörrach erworben. Weitere Stationen führten ihn in

die Schweiz und in die USA. Im Feinschmecker-Restaurant von Hans Röckenwagner in Los Angeles, einem im Markgräfler Land wohl bekannten Spitzenkoch, erhielt er den letzten Schliff. Internationale Einflüsse auf die typisch Markgräfler Küche sind bei Marco Weiß denn auch nicht zu übersehen. Frischen Wind nicht nur aus Übersee, sondern auch aus dem mediterranen Frankreich und Italien setzt der Küchenchef in eigene Neuschöpfungen um.

Knusprig gebratenes Pouletbrüstli auf Tagliatelle „Arrabiata" mit frischem Basilikum und Parmesan sowie Saltin Bocca auf Portweinjus mit frischem Spargelrisotto sind deutliche Referenzen an gastronomische Vorbilder jenseits der Grenzen. Seine Leidenschaft für ein cross-over klassisch europäischer Küche mit der asiatischen Art zu kochen drückt sich in Thunfisch-Stäbchen, kurz gebraten auf Shi-Take Pilzsalat und grünem Wasabi, aus. Tagesfrische Fische werden kurz mit Olivenöl gebraten und auf Tomaten Couscous gesetzt, dazu

eine Basilikumsauce: das Mittelmeer lässt grüßen.

Alle Vierteljahre wird die Karte einer gründlichen Inspektion unterworfen, um den saisonalen Produkten mehr Gewicht einzuräumen. Schön ist, dass im „Maien" nicht nur Erzeugnisse aus der Region Verwendung finden, sondern auch noch in Handarbeit selbst hergestellt werden. So ist das Brot, das sich auf der nachmittäglichen Vesperkarte mit den schmackhaften Gerichten gerade bei den Wanderern großer Beliebtheit erfreut, hausgebacken. Das hochprozentige Verdauerle kommt in aller Regel aus der eigenen Brennblase, und der Kuchen wird noch heute nach Großmutters Rezepten gebacken.

Bei soviel Heimatverbundenheit verwundert es nicht, dass der „Maienwirt" auf Gewächse aus dem Markgräfler Land schwört: „Weine aus dem Markgräfler Land sind konkurrenzlos und passen einfach gut zu unseren Speisen", findet Marco Weiß und trifft damit den Geschmack seiner Gäste.

Lammrücken im Kräutermantel auf Balsamico-Linsenjus und Kartoffelgratin
Für 4 Personen

Zutaten

4 Lammfilets à 160 g, Olivenöl, Salz, Pfeffer, 30 g frische Gartenkräuter (Salbei, Estragon, Basilikum, Petersilie etc.), 1 El mittelscharfer Senf, 1/2 Knoblauchzehe, 1 Eigelb, 1-2 Scheiben Toastbrot, Reisblatt, 50 g getrocknete Linsen, insg. 50 g Karotten, Sellerie, Lauch, 25 g Zwiebeln, 1/10 l Balsamico-Essig, 1/2 l Kalbsfond, Butter, 350 g geschälte Kartoffeln, Salz, Pfeffer, Muskat, Majoran, Öl, 1/8 l Milch, 1/8 l Sahne, 100 g geriebenen Emmentaler

Zubereitung

Lamm: 4 Lammfilets mit Salz und Pfeffer würzen, kurz in heißem Olivenöl von allen Seiten anbraten, auskühlen lassen; die frischen Gartenkräuter mixen, 1 Eigelb dazu, 1 El mittelscharfer Senf, 1/2 Knoblauchzehe, 1-2 Scheiben Toastbrot mit etwas Olivenöl pürieren, damit die Lammrücken maskieren, in ein vorgeweigtes Reisblatt einschlagen;

Linsenjus: Die getrockneten Linsen über Nacht quellen lassen, Karotten, Sellerie, Lauch und Zwiebeln in Würfel schneiden, das Ganze in Butter glasig schwitzen, mit Balsamico-Essig ablöschen und mit Kalbsfond auffüllen, ca. 10 Min. köcheln lassen;

Kartoffelgratin: Die geschälten Kartoffeln in dünne Scheiben schneiden, in einer Schüssel mit Salz, Pfeffer, Muskat und Majoran kräftig würzen, in einer eingeölten Steingutform auslegen und mit der Milch und der Sahne bedecken, geriebenen Emmentaler darüber geben, im Backofen bei 175° C ca. 45 Min. backen.

HOTEL & RESTAURANT „KRANZ"

Hotel & Restaurant „Kranz"
Familie Rosskopf

Basler Straße 90
D-79540 Lörrach

Telefon: 00 49 (0) 76 21/8 90 83
Telefax: 00 49 (0) 76 21/1 48 43

Ruhetage: Sonntag,
Montag bis 17.30 Uhr

Was das „Adlon" für Berlin und das „Colombi" für Freiburg, das ist der „Kranz" für Lörrach. Der Vergleich mag auf den ersten Blick für den einen oder anderen Betrachter zunächst übertrieben klingen, doch verdeutlicht er auf anschauliche Weise den Stellenwert des renommierten Hauses inmitten des regen Buhlens der örtlichen Gastronomen um die Gunst des Gastes. Über viele Jahre, ja sogar Jahrzehnte hat sich die Familie Rosskopf den Ruf erworben, im eigenen Restaurant Maßstäbe für Genuss und Gastfreundschaft gesetzt zu haben. Eine Tatsache, die von einschlägigen Gourmetkritikern honoriert wird. Der Michelin hat sogar einen Bib Gourmand vergeben.

Nun ist vor nicht allzu langer Zeit im „Kranz" ein Generationenwechsel vonstatten gegangen. Sohn Michael hat das Zepter übernommen, obschon das in der persönlichen Lebens- und Karriereplanung zunächst so nicht vorgesehen war. Gute zehn Jahre nämlich hat der junge Chef in der quirligen Berliner Gastroszene frische Luft geschnuppert und

dort auch seine Partnerin fürs Leben kennen und lieben gelernt. Er hat in ungewöhnlichen, aber auf die besondere Lage und Entwicklung der Stadt erfolgreich konzipierten Restaurants neuartige Trends miterlebt und selbst kreiert. Stationen wie das „Maxwell" oder der „Modellhut" stehen für diese Neuausrichtung, wie nur wenig andere Häuser in der Hauptstadt.

Von diesen Erfahrungen und Erlebnissen profitiert nun auch der elterliche Betrieb in Lörrach. „Der Kranz befindet sich in einer Umbruchphase", erklärt dann auch Michael Rosskopf, der die Erwartungen und Wünsche der vielen Stammgäste weiterhin erfüllen, sanft und behutsam aber auch eigene, höchst individuelle Akzente im Angebot und der Art der Speisenzubereitung setzen möchte. Badische Spezialitäten wird es in einer breiten Palette also zukünftig in den gemütlichen Gaststuben und dem lauschigen Wirtsgarten ebenso weiterhin geben wie neuartige Kreationen des jungen Küchenchefs. Die Ausrichtung der Küche bleibt heimatverbunden, ver-

Rehmedaillons mit Bratapfel, Kastanienrotkraut und getrüffeltem Kartoffelpüree

Zubereitung

Rotkraut in feine Streifen schneiden, über Nacht mit Salz, Zucker, Orangensaft marinieren; am nächsten Tag Zwiebel und Äpfel in Schmalz anziehen, Rotkraut dazugeben und mit Fleischbrühe, Rot- und Portwein und noch mehr Orangensaft auffüllen; mit einem mit Zimt und Sternanis gefüllten Gewürzsäckchen das Kraut weich kochen; abschmecken und evtl. mit Stärke abbinden.

Geschälte, mehligkochende Kartoffeln weich kochen, mit Butter glatt rühren, mit heißer Milch zu gewünschter Konsistenz vollenden;

Äpfel quer halbieren, aushöhlen, mit Mandeln und Rosinen füllen, mit Johannisbeermark beträufeln und bei ca. 120° 20 bis 25 Min. weich schmoren;

Den ausgelösten Rehrücken in 150 g schwere Portionen teilen, bleu braten und einige Minuten an einem warmen Ort ruhen lassen; den Bratensatz mit Wildfond und Wein ablöschen, einköcheln und mit Butter montieren.

Die Beilagen anrichten, das Fleisch nochmals kurzer Hitze aussetzen, in drei Tranchen auf den Teller setzen und mit Sauce nappieren.

knüpft allerdings mit einem unverkennbaren Zungenschlag aus der Cuisine des westlichen Nachbarn. So stehen neben einer Terrine von der Gänsestopfleber mit Portwein-, Quittengelee und Zwergorangen ein Zander mit Trüffel, Schwertfisch mit grünem Spargel und Saibling auf Bärlauchravioli auf der umfangreich dimensionierten Speisenkarte. Flexibel und spontan erfüllen Michael Rosskopf und seine Küchencrew zudem ausgefallene Wünsche ihrer Gäste, die zufällig einmal nicht auf der Karte präsent sein sollten. An der Maxime des „Kranz" will wirklich niemand rütteln, heute nicht und auch nicht in Zukunft. „Mehr König als bei uns kann der Gast nämlich nicht sein", ist sich Michael Rosskopf sicher. Großen Anteil daran hat die herzliche und aufmerksame Betreuung der Servicemitarbeiter unter Leitung seiner Lebenspartnerin Judith Rittberg.

HOTEL RESTAURANT BAR „AM BURGHOF"

Hotel Restaurant Bar
„Am Burghof "
Bärbel Jung und Ulrich Hub

Herrenstraße 3
D-79539 Lörrach

Telefon: 00 49 (0) 76 21/94 03 80
Telefax: 00 49 (0) 76 21/94 03 838

Ruhetag im Restaurant: Sonntag

Obschon Lörrach sich selbst nur als kleine Stadt, nicht aber als kleinstädtisch empfindet, gönnen sich Stadtväter und Einwohner seit wenigen Jahren etwas Besonderes: ein Kulturzentrum zum Beispiel. „Am Burghof" nennt sich das nach außen kühl wirkende Veranstaltungshaus, das nationale wie internationale Größen des Kulturbetriebs in seinen Jahreskalender aufnimmt, und gerade gegenüber davon lockt die Restaurant-Bar „Am Burghof" mit unterschiedlichen wie sehr verlockenden kulinarischen Angeboten.
Zu einer festen Größe haben Bärbel Jung und Ulrich Hub Restaurant, Bar und Hotel „Am

Burghof" gemacht. Seit zwei Jahren zeichnen die beiden Fachleute für die Geschicke des Hauses verantwortlich. Dabei sind sowohl die

für den Service zuständige Bärbel Jung und Chefkoch Ulrich Hub den Menschen in Lörrach längst keine Unbekannten. Viele Jahre hat Hub die Geschicke der Küche im Restaurant „Kranz" geleitet. Innerhalb kürzester Zeit haben er und seine Partnerin in der Geschäftsleitung es verstanden, das zuvor schlummernde Potenzial der Burghof-Gastronomie aus dem Dornröschenschlaf zu wecken und das Haus zu erster Blüte zu führen. Im Erdgeschoss befinden sich Bar und Bistro, die in den warmen Monaten um einen großen Biergarten erweitert werden. Hier trifft sich, wer schon das Frühstück genießen möchte oder vormittags zur zweiten Tasse Kaffee vorbeischaut. Besonderer Beliebtheit erfreut sich die abwechslungsreiche Mittagskarte, die mit leichten Nudelgerichten, frischem Fisch, Salaten und vegetarischen Spezialitäten Geschäftsleute wie Touristen gleichermaßen lockt.

Einen guten Ruf weit über die Grenzen der Stadt hinaus hat sich Uli Hub mit seinem Feinschmecker-Restaurant im ersten Stock verschafft. Hier wird schon äußerlich deutlich, dass Klarheit und Einfachheit zum Konzept gehören. Das setzt sich in der Küche fort, die der Maître als leicht und mediterran beschreibt. Fangfrische Fische gelangen auf den Teller. Großer Beliebtheit erfreuen sich mehrgängige Menus, deren Zusammenstellung dem Haubenteam überlassen bleibt.

Gerne gehen Bärbel Jung und Uli Hub auf ausgefallene Wünsche ihrer Gäste ein – egal ob Kutteln oder Hochseefische. Der Gault Millau befand „den Spagat zwischen gehobener Küche und Bistro als gelungen" und vergab 12,5 Punkte. Und auch im Michelin gab es nur Lobenswertes über die Gastronomie im Burghof zu lesen.

Besonderer Erwähnung bedarf die Weinkarte. Aufwändig wie liebevoll gestaltet, präsentiert sie beste Tropfen aus Italien, Spanien und Frankreich samt einer ausführlichen Darstellung der Anbaugebiete. Einheimische Gewächse werden zudem berücksichtigt. Gault Millau stuft Angebot und Präsentation als „preisverdächtig" ein.

LÖRRACH

Lammfilet und Kotelett auf Barolorisotto mit Rosmarinjus und Pattisongemüse
Für 6 Personen

Zutaten

Für das Lamm:
6 Lammfilet,
1 kg Lammrücken mit Knochen,
Salz, Pfeffer, Thymian, Rosmarin
Für den Risotto:
300 g ital. Rundkornreis,
80 g Zwiebelbrunoise,
2 Zehen Knoblauch,
1 Lorbeerblatt, 30 ml Olivenöl,
1/2 l Barolo, 400 ml Fleischbrühe,
30 g Butter, 50 g Parmesan,
Salz, Pfeffer
Für das Gemüse:
400 g Pattison, 2 reife Eiertomaten,
10 g Zwiebelbrunoise

Zubereitung

Lammfilet parieren, mit Salz, Pfeffer, Rosmarin und Thymian würzen, das Fleisch ringsum gut anbraten und mit Pfanne in den Ofen (175 °); das Filet ist nach etwa 6 min., der Rücken nach etwa 10 Min. rosa gebraten; Fleisch warm stellen und ruhen lassen; Knoblauch und die Brunoise in Olivenöl anschwitzen, Reis zugeben und glasig dünsten, mit Barolo ablöschen und kurz aufkochen; die restliche Brühe zugeben, mit Salz, Pfeffer und Lorbeerblatt abschmecken; bei schwacher Hitze etwa 20 Min. ziehen lassen, Butter und Parmesan zugeben. Gemüse und Eiertomaten ca. 2 Min. in kochendem Wasser blanchieren, in Eiswasser abschrecken und in Scheiben, bzw. Ecken schneiden; Zwiebelbrunoise in Butter anziehen, Gemüse dazugeben, mit Salz und Pfeffer abschmecken.

GASTHAUS „ENGEL"

gelegt wird, so geschieht dies auch im kulinarischen Sektor. Thomas Fringer kauft das Fleisch und auch die Eier direkt beim Bauern auf dem Lande. Die Kartoffeln stammen aus biologischem Anbau: eine geschmacksintensive Tatsache, die die Gäste des „Engel" goutieren. Damit nicht genug; die Kräuter, die Fleisch und Fischgerichte erst zu dem machen, was sie später auf dem Teller des Gastes sind, kommen vom Gärtner.

Am liebsten aber verlässt sich Thomas Fringer auf sich selbst. Was immer er in handwerklicher Arbeit selbst fertigen kann, das macht er auch. Nachmittägliche Ruhepausen zwischen den Zubereitungen des Mittag- und Abendessens müssen folgerichtig entfallen. „Lieber stehe ich in meiner Küche und beschäftige mich mit meinen Produkten und Gerichten, als auf der faulen Haut zu liegen", gibt der Koch und Wirt unumwunden zu. Ergebnis dieser harten aber freudigen Arbeit sind selbstgemachte Nudeln und teilweise sogar selbst gebackenes Brot. Die im Südwesten klassischen Spätzle gibt es im „Engel" also noch wie anno dazumal: frisch vom Brett.

Großen Wert legen die Fringers auf die Bezahlbarkeit ihrer Leistungen. Bärlauch-

„Jeder der essen geht, sollte dann besser essen als daheim." Das sagt Thomas Fringer und es ist zurecht davon auszugehen, dass der Mann weiß, wovon er spricht. Gemeinsam mit seiner Frau Ruth, führt Thomas Fringer das Gasthaus „Engel" in Lörrach. Seit zehn Jahren sind die beiden sowohl den Lörrachern als auch den zahlreichen Besuchern der südwestlichsten Stadt der Republik ein Inbegriff für herzliche Gastlichkeit und eine einfache, aber sehr gute Küche. Das Geheimnis des unauffälligen Erfolges des „Engel", das übrigens Stammhaus der ehemaligen Lörracher Brauerei Reitter ist, liegt in den überdurchschnittlich handwerklichen Fertigkeiten von Küchenchef Thomas Fringer und seiner ungebrochenen Überzeugung begründet, nur mit frischesten Produkten aus heimatlichen Gefilden wirklich wohlschmeckende Resultate zu erzielen. Die Gaststube bietet rund 50 Gästen Platz und die meisten von ihnen schätzen eben genau diese unverfälschte Nähe zur Natur und ihrer in der Engelküche verwendeten Produkte. So wie die Basis des wirtschaftlichen Erfolgs gastronomischer Betriebe im Einkauf

Gasthaus „Engel"
Ruth und Thomas Fringer

Wallbrunnstraße 42
D–79539 Lörrach

Telefon: 00 49 (0) 76 21/4 61 12
Telefax: 00 49 (0) 76 21/6 80 79

Ruhetag: Donnerstag

Gebratener Kabeljau auf überbackenem Bouillabaisegemüse mit Riesengarnelen
Für 4 Personen

Zutaten

600 g Kabeljaufilet mit Haut,
je 150 g Fenchel, Lauch, Karotten,
Sellerie (in feine Streifen geschnitten),
1 g Safranpulver, 1 Knoblauchzehe
(gehackt), 2 dl Fischfond, 2 cl Pernod,
4 Strauchtomaten (enthäutet, ent-
kernt und gewürfelt),
8 Riesengarnelenschwänze
(ohne Schale, längs halbiert),
80 g Schalotten (fein gewürfelt),
3 Eigelb, 150 g geschlagene Sahne,
1 dl Olivenöl, Thymianzweig, Basilikum

Zubereitung

Die Hälfte des Olivenöls in einer tiefen
Pfanne erhitzen, Riesengarnelen darin
kurz von allen Seiten anbraten, warm
stellen; im selben Öl die Gemüse-
streifen, Schalotten, Knoblauch anschwitzen, salzen und pfeffern; mit
dem Fischfond ablöschen, Pernod und
Safran zugeben; ca. $1/2$ der Flüssigkeit
einköcheln, Tomatenwürfel und
Basilikum zugeben, nochmals aufkochen, Eigelb und geschlagene Sahne
verrühren (nicht kochen!). Das Gemüse, die Garnelen mit Sauce in tiefen Tellern anrichten, im Ofen bei
ca. 200° Oberhitze überbacken; die
andere Hälfte Olivenöl in einer Pfanne
erhitzen, Kabeljaufilets salzen, pfeffern und mit Thymianblüten kross
anbraten; auf dem überbackenen
Gemüse anrichten.

schaumsuppe mit gebratendem Zander, mit
frischem Ziegenkäse gefüllte Crèpes auf ge-
schmolzenen Strauchtomaten oder gebratene
Entenleber auf Honig-Sherryessig brauchen
angesichts des Preis-Leistungsverhältnisses
keinerlei Vergleich zu scheuen. Besondere
Freude haben uns die gebratenen Seeteufelmedaillons in der Pinienkernkrutes auf Risotto mit feinsten Meeresfrüchten gemacht.
Kein Wunder also, dass uns Thomas Fringer
bei so viel Liebe zum Fisch das nebenste-
hende Rezept mit auf den Weg gegeben hat.

RESTAURANT HOTEL „KRONE"

Restaurant Hotel „Krone"
Anke und Rainer P. Wiedmer

Riehenstraße 92
D-79594 Inzlingen

Telefon: 00 49 (0) 76 21 / 22 26
Telefax: 00 49 (0) 76 21 / 22 45

Montag Ruhetag

Für die Reise von Lörrach in die nahe Schweiz eröffnen sich viele Möglichkeiten. Eine landschaftlich äußerst reizvolle Gegend erschließt sich über die Wallbrunnstraße in Richtung Inzlingen. Verschwiegen sei an dieser Stelle natürlich nicht, dass neben lohnenden Ausblicken vor allen Dingen Köstliches für Gaumen und Magen unmittelbar vor der Schweizer Grenze warten. So klein Inzlingen selbst ist, so viel hat es doch an kulinarischen Offenbarungen zu bieten. Da sei zunächst einmal die „Krone" genannt. Im kleinen Garten mit einer sympathisch überschaubaren Anzahl an Tischen und – falls nötig auch Sonnenschirmen – entweichen nach nur wenigen Minuten alltägliche Gedanken und Sorgen. Freundliche und arbeitsame Menschen, die dank ihrer smarten Uniformierung und ihres gleichsam offenen wie zwanglosen Umganges mit ihren Gästen als Tugendwächter eines aufmerksamen Services wirken, lassen den Gast schnell heimisch werden bei Anke und Rainer P. Wiedmer und ihrem Team an Mitarbeitern. Immer ein freundliches Wort und ein Lächeln auf den Lippen, drängt sich alsbald das Gefühl in den Vordergrund, mehr bei Freunden denn in einem – wenn auch ausgezeichneten – Restaurant zu sein. Schön ist zu erleben, dass Freundlichkeit zum professionellen Verständnis einer Dienstleistung gezählt wird, die nicht auf-

Lasagne von Seeteufel und Gambas
Für 4 Personen

Zutaten

300 g Mehl, 1 Ei, 7 Eigelb, 1 El Öl,
1/2 Tl Salz, Wasser bei Bedarf;
1/4 l trockener Weisswein,
Saft von 1-2 Zitronen, 1/4 l Sahne,
100 g Butter;
12 Gambas ausgelöst,
12 Seeteufelmedaillons (je 50 g),
50 g Forellenkaviar,
Olivenöl, frischer Dill

gesetzt wirkt und sich vorzüglich mit den erstklassigen Produkten aus Küche und Keller im Einklang befindet.

So groß und vielschichtig der Gästekreis in der „Krone" ist, so breit gefächert ist auch das kulinarische Angebot, das der Maître bereit hält. „Wir bieten eine interessante Mischung aus der sprichwörtlich gut bürgerlichen und einer ambitionierten, anspruchsvollen Küche", betonen die Wiedmers. Die Einschätzung, dass für alle Gäste etwas Passendes auf der Speisen- und Weinkarte dabei ist, bestätigt auch der Gault Millau. Zu den für ein Restaurant dieser Güte klassischen Fisch- und Fleischgerichten, gesellen sich, je nach Jahreszeit, saisonal ausgerichtete Spezialitäten. Spargel kommt natürlich aus dem Markgräfler Land – da lohnt sich das Warten! Bärlauch wird an den Bachläufen in der unmittelbaren Umgebung gepflückt. Die

Weinkarte ist mit rund 200 Positionen gut bestückt, überwiegend mit Tropfen aus heimischem Anbau. Der Gutedel wird aus dem Fass angeboten. Spitzenweine privater Weingüter schenken Anke und Rainer Wiedmer auch offen aus.

Zu den deftigen Wildgerichten im Herbst empfiehlt sich auch ein Bier, und zwar ein naturtrübes Dunkles, dass der Chef des Hauses in der eigenen Hausbrauerei in Lörrach brauen lässt.

Wer nun gar nicht mehr aus der „Krone" nach Hause aufbrechen mag, dem sei eines der 23 schönen Gästezimmer empfohlen. Die Zimmer offenbaren ihr spezielles Flair durch individuelle Gestaltung und hohen Komfort. Harmonische Raumfarben und ausgesuchtes Interieur schaffen eine behagliche Atmosphäre. Lobenswert ist das leckere Frühstücksbuffet.

Zubereitung

Nudelteig: Das Mehl auf die Arbeitsfläche sieben, in die Mitte eine Mulde drücken. Ei, Öl und Salz hineingeben, mit einer Gabel zerrühren. Mehl hinzugeben, bis ein dickflüssiger Teig entsteht, von außen nach innen das restliche Mehl über dem Teig verteilen und geschmeidig kneten, bei Bedarf Wasser einarbeiten. Teig in eine Klarsichtfolie packen und 1 Std. im Kühlschrank ruhen lassen. Den Teig auf der bemehlten Arbeitsfläche dünn ausrollen. Ca. 8 cm große Kreise ausstechen und diese 2-3 Min. in kochendem Salzwasser garen.

Sauce: Weißwein und Sahne einkochen lassen, um die Hälfte reduzieren; mit Salz, weißem Pfeffer und Zitronensaft abschmecken. Mit einem Stabmixer kalte, in Streifen geschnittene Butter unter die Sauce schlagen.

Seeteufel und Gambas: Die Gambas und den Seeteufel in Olivenöl braten und die Lasagneblätter kochen. Immer abwechselnd Seeteufel, Lasagneblatt, Gambas nebeneinander auf einen großen tiefen Teller anrichten. Mit wenig Sauce nappieren, Forellenkaviar als Garnitur darüber streuen, mit frischem Dill ausgarnieren.

RESTAURANT „INZLINGER WASSERSCHLOSS"

**Restaurant
„Inzlinger Wasserschloss"**
Sybille und Sepp Beha

Riehenstraße 5
D-79594 Inzlingen

Telefon: 00 49 (0) 76 21 / 4 70 57
Telefax: 00 49 (0) 76 21 / 1 35 55

Ruhetage im Restaurant:
Dienstag und Mittwoch

Ein weiterer gastronomischer Stern in Inzlingen leuchtet über dem Restaurant im Wasserschloss von Sybille und Sepp Beha. Mehr als zwanzig Jahre lang zählte Sepp Beha tatsächlich zu den Sternenträgern des Guide Michelin. Dass er ihn zur Jahrtausendwende verlor, schmerzt natürlich, ist aber jetzt mehr denn je Ansporn und Herausforderung, seinen vielen Gästen weiterhin Erstklassiges aufzutischen.

Wo einst gekrönte Häupter tafelten, haben die Behas das Wasserschloss in Inzlingen als vorzügliches Restaurant etabliert und zu einer der ersten Adressen in der Region

**Atlantiksteinbutt in
Limonencrème
mit grünen und schwarzen
Spaghetti,
Forellen- und Sevruga-Kaviar**
Für 4 Personen

Zutaten

4 Steinbuttfilets à 140 g,
1 Steinbutt-Karkasse, 1 l Weißwein,
3 Limonen, 1 El Crème fraîche,
1/4 l Sahne, 100 g Forellen-Kaviar,
50 g Sevruga-Kaviar,
1 gespickte Zwiebel, Wurzelgemüse,
Estragon, etwas Butter und Mehl,
Salz, Pfeffer;
400 g Weizenmehl,
100 g Hartweizengrieß,
2 Eier, Olivenöl,
etwas Spinat und Sepia-Tinte,
Salz

Zubereitung

Karkassen klein hacken und mit Wurzelgemüse andämpfen, mit Weißwein und etwas Wasser ablöschen, würzen, Estragon dazugeben und etwa 1 Std. auskochen; dann abpassieren und auf die Hälfte reduzieren; etwas Butter in einen Topf geben, mit Mehl bestäuben, erkalten lassen, dann die heiße Reduktion dazugeben, Limonensaft und abgeriebene Schale, Crème fraîche und 1/8 l Sahne dazugeben und durchkochen; vor dem Anrichten ein paar Butterflocken und restlichen 1/8 l Sahne darunter rühren. Weizenmehl, Hartgries, Eier und Öl gut vermischen, je zur Hälfte mit Spinat und Sepia Tinte einfärben; mit Nudelmaschine Spaghettis formen und in reichlich Salzwasser höchstens 1 Min. kochen; Steinbutt im Sud mit gespickter Zwiebel 3–4 Min. pochieren; Steinbutt auf tiefen Tellern anrichten, mit Sauce nappieren, Spaghetti mit Gabel rollen und mit Kaviar ausgarnieren.

gemacht. Hier verbindet sich die bauliche Einmaligkeit eines der schönsten Baudenkmäler des 15. Jahrhunderts mit den ausgezeichneten Darbietungen aus Küche und Keller. So etwas spricht sich natürlich herum. Das Stammpublikum, das den größten Teil seiner Gäste ausmacht, schätzt die tief verwurzelte feine regionale Küche, die ihre Basis in Frankreich und Italien hat. Sepp Beha, der sich zuvor in der „Sonne" in Rümingen erste Meriten erkochte, vereint im Inzlinger Wasserschloss hart erarbeitetes handwerkliches Können mit individueller Kreativität und den Regeln eines saisonalen Einkaufs ausschließlich frischer Produkte.

Mittags serviert er ein dreigängiges Menu inklusive einer kleinen Lunchkarte. Ansonsten wählen die Gäste zwischen einem 4-Gang-Menu, das generell ein Fischmenu ist, und einem 6- respektive 7-Gang-Menu. Eröffnet wird dies zum Beispiel mit einem Atlantiksteinbutt vom Grill und in Speck gebratenen St. Jakobsmuscheln auf „tomate concassée" mit Artischocke und Frühlingszwiebel. Darauf folgt ein pochierter Kabeljau im Thaisössle mit schwarzen Spaghetti und ein Osso buco vom Seeteufel. Danach wählt man zwischen Milchlammcarrée in der Kräuterkruste, einer

jungen Bressetaube, einem Chateaubriand mit frischen Kräutern oder einem jungen Gitzi – allesamt mit frischem Spargel „Mailänder Art" und Gnocchi.

Zurück zur Symbiose von Ambiente und kulinarischen Freuden. An schönen Tagen spiegelt sich das romantische Schloss im Wasser des Schlossgrabens. Wer das Restaurant besucht, schreitet zunächst über eine hölzerne Brücke und erreicht ... das Rathaus der Gemeinde. Hier trifft sich hohe Politik und die hohe Kunst des Kochens! Sehr aufwändig hat die Gemeinde das Schloss wieder in Schuss gebracht. Die ursprüngliche Decke der Reichensteiner Stube, in der das Restaurant untergebracht ist, wurde freigelegt, genauso die stuckverzierten Wände. Für besondere Anlässe stehen überdies die Vogtsstube, das Nepomuk-Zimmer und der im oberen Stock befindliche Bürgersaal zur Verfügung. Übernachtet werden kann im benachbarten Gästehaus.

Baseler Rathaus

RENOVATUM ET AMPLI
FICATUM ANNO DOMINI
MDCCCCI

BASEL –

Basel am intensivsten zu erleben, heißt die Stadt am Rheinknick während der berühmten Basler Fasnacht zu besuchen. 72 Stunden nur dauert das Spektakel in der Woche nach Aschermittwoch, und doch meinen Insider, dass man sich gerade in dieser Zeit ein recht passables Bild von der Stadt und ihrer Bürger machen kann. Tatsächlich scheint kein Fest besser geeignet zu sein für die öffentliche Darstellung der Lebensfreude, die die Bewohner Basels auszeichnet: und zwar nicht nur in den tollen Tagen!

Wenn am Montagmorgen von St. Martin, der ältesten Kirche Basels, der Vieruhrschlag ertönt, erlischt das Licht der Stadt. Einzige Lichtquellen in der gespenstisch anmutenden Szenerie sind dann die mächtigen Laternen der Züge, auf denen die einzelnen Sujets kunstvoll dargestellt sind, die Streckenlaternen der „Vorträbler" und die Kopflaternen auf den Masken, an denen sich für die Außenstehenden die einzelnen Cliquen erkennen lassen. Bis ins Morgengrauen hinein wird getrommelt und gepfiffen. Ein farbenfrohes, wildes, unbändiges, lautes und selbst für eingefleischte Fasnachter immer wieder berauschendes Erlebnis hat begonnen. Sein Wurzeln reichen weit in die Vergangenheit der Stadt hinein.

Das Brauchtum ist wohl, wie andere Fasnachtsbräuche auch, auf heidnische, vermutlich auch auf keltische und germanische Ursprünge zurückzuführen – auf Ahnenkult, Winteraustreibung und Fruchtbarkeitsrituale. Ältestes Zeugnis ist in Basel die „böse Fasnacht", ein Turnier des Herzogs von Österreich am Tag vor Aschermittwoch 1376. Bürger ließen sich von den Rittern provozieren. Das Fest endete in einem Blutbad und Basel unter der Reichsacht von Kaiser Karl IV.

Die Basler pflegen heute ein inniges Verhältnis zu den Wurzeln und Zeugnissen ihrer Stadt. Die Altstadt, eine der am besten erhaltenen und schönsten in Europa, bietet mehr als nur eine schöne Kulisse für das Leben. Hier schlägt das Herz Basels. Ein Spaziergang wird zu einer fesselnden Reise durch die Zeit, die Kelten, Römer und Ger-

Rheinufer

Rheinbrücke

Münster, Kreuzgang

EIN LECKERLI ZWISCHEN MORGEN- UND ÄNDSTRAICH

manen genau so geprägt haben, wie der große Humanist Erasmus von Rotterdam. Alle Epochen sind vertreten: imposante mittelalterliche Bauten aus dem für die Stadt so typischen roten Sandstein wie elegante Patrizierhäuser aus dem Barock. Rathaus und Münster dürfen auf keiner Erkundungsreise fehlen. Gleiches gilt natürlich für die vielen gastronomischen Reize der Stadt Basel.

Die kulinarische Entdeckungsreise Basels ist ein Fest für die Sinne. Schnell wird deutlich, dass Basler und Baslerinnen jede Menge vom savoir-vivre verstehen. Gutes Essen und Trinken gehören ebenso dazu wie das Verständnis und die Begeisterung für Kunst und Kultur, für Pharma und Fußball. Wer sich zu Fuß oder mit dem Auto auf den

Weg macht, wird bald spüren, wie gastfreundlich Basel und seine Menschen sind. Hier kann es einem trotz mit Straßenplan ausgerüsteten und doch etwas orientierungslos wirkendem Fremden tatsächlich passieren, dass ein Taxifahrer durch das Seitenfenster heraus nützliche Tipps zum angestrebten Ziel gibt – und sein Fahrgast händeringend Richtungen signalisiert. Basel ist zwar eine Großstadt, aber eine, die ihren eigentümlichen Charme bewahrt hat und damit zu einem kleinen Juwel unter den Perlen europäischer Metropolen avanciert. Unzählige Straßencafés, Confiserien und traditionelle Beizen bieten neben denen, in diesem Buch vorgestellten Restaurants der Spitzenklasse, hinreichend Gelegenheit, die sprichwörtliche Basler Le-

bensart kennen und schätzen zu lernen. Typisch für die Stadt ist das Basler Leckerli, eine Spezialität aus mindestens einem Jahr alten Schweizer Bienenhonig, Grießzucker, geschälten Mandeln, Orangeat, Zitronat, Zimtpulver und einigen anderen Zutaten mehr. Wer sich die zeitaufwändige Prozedur zur Herstellung sparen möchte, sollte am besten kräftige Freunde dazu einladen – ein lustiges Fest ist quasi vorprogrammiert und das genaue Rezept lässt sich bestimmt finden...

Rathaus

Altstadt

Der Rhein bei Basel

HOTEL „DREI KÖNIGE AM RHEIN"

Hotel „Drei Könige am Rhein"

One of The Leading Hotels of the World

Blumenrain 8
CH-4001 Basel

Telefon: 00 41 (0) 61/2 60 50 29
Telefax: 00 41 (0) 61/2 60 50 20

Man muss nicht viele Worte machen, um das Hotel Drei Könige am Rhein zu beschreiben – lohnen tut es sich trotzdem. Schon im Namen ist die Lage des Hauses beschrieben, das sich das älteste Hotel Europas nennen darf.

Seit 1026, der ersten urkundlichen Erwähnung und damit fast ein Jahrtausend, ist das „Des trois Rois" Gästen zur Verköstigung und zur Beherbergung vorbehalten, damals noch unter dem Namen „Zur Blume", der sich im 17. Jahrhundert zum heute noch aktuellen wandelte. Was für eine Zeitspanne, welche Geschichte, greifbar direkt am Ufer des großen europäischen Stroms!

Fünf Sterne führen viele erstklassige Hotels rund um den Globus in ihrem Emblem. Nur wenige allerdings spiegeln die Abläufe europäischer Geschichte so nachspürbar wider wie das „Drei Könige" in Basel. Allein der heutige Name ist eine Reminiszenz an die über viele Jahrhunderte hinweg herrschende Monarchie und ihrer Protagonisten auf dem alten Kontinent.

Hier im Hause nämlich wurde über die Nachfolge des Burgunderkönigs Rudolf III. entschieden, der ohne Nachfahren geblieben war. An seine Stelle traten der Deutsche Kaiser Konrad II. und sein Sohn, der spätere Heinrich III.. Die gesamte Schweiz wurde zudem dem Heiligen Reich Deutscher Nation einverleibt, und die noble Herberge hatte ihren Namen weg.

Seitdem sind eine schier unüberschaubare Anzahl gekrönter und ungekrönter Häupter am Baseler Rheinufer in unmittelbarer Nachbarschaft zur historischen, nämlich Europas ältester Altstadt, abgestiegen. Gekommen sind sie, weil Adel und Namen verpflichten. Gefolgt sind ihnen Berühmtheiten und Prominente, die gleich mehrere Gästebücher füllen. Einen Auszug daraus präsentiert im Übrigen die Speisenkarte des

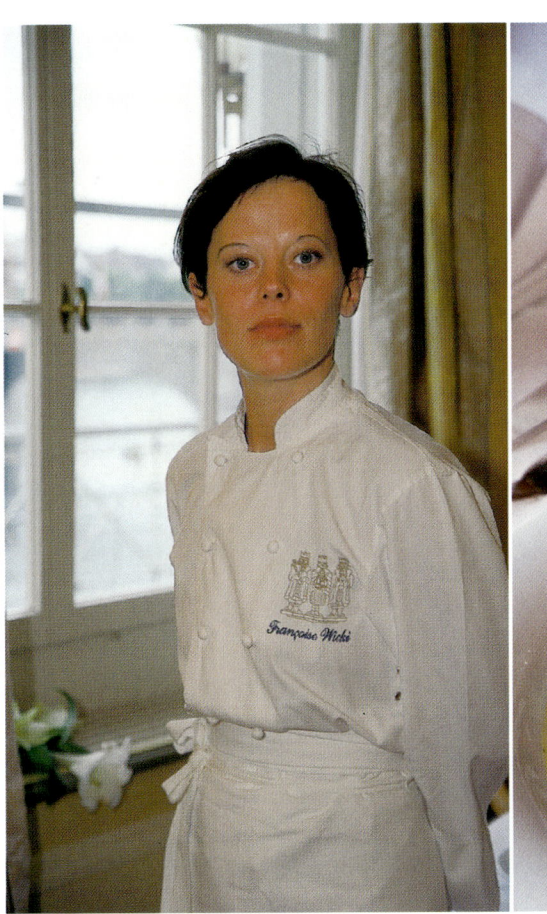

Rochlobster mit
Basilikumpesto
auf Frühlingsgemüse
und Rollgerste
Für 4 Personen

Zutaten

4 Rochlobster oder Scampi,
200 g Rollgerste,
120 g frische Erbsen,
120 g Kakaobohnen,
100 g Zuckerschoten,
4 Minipatisson,
je 1 Handvoll Frühlingszwiebeln,
Cherrytomaten und
glattblättriger Petersilien,
50 g Pesto,
wenig Sauerrahm,
Tomatenessenz oder
ca. 4 dl Bouillon, Gemüsefond,
gutes Olivenöl

Zubereitung

Rollgerste wässern und knackig kochen, abspülen; Gemüse fein rüsten
und blanchieren. Im Olivenöl mit den
feingeschnetzelten Frühlingszwiebeln
und Cherrytomaten anbraten, schwenken; Gerste zur Tomatenessenz oder
Bouillon zufügen, Gemüse dazugeben
und Sauerrahm darunter mischen.
Rochlobster oder Scampis im Olivenöl
anbraten und darauf anrichten.
Mit zwei Esslöffeln eine kleine Que-
nelle Pesto formen und darauf anrichten. Wenige Tropfen Olivenöl darüber
fügen. Mit Fleur de Sel würzen.

Feinschmecker-Restaurants „La Rotisserie
des Rois" im „Drei Könige". Woraus sich
ableiten lässt, warum so viele Prominente
und auch andere Sterbliche den Aufenthalt
im ehrwürdigen Haus zu schätzen gewusst
haben – und es bis heute noch tun: der gediegenen Eleganz in Hotelhalle und den
Zimmern wegen, dem stets aufmerksamen
Service der vielen guten Geister im Hause
und einer Küche, die nach dem triumphalen
Einzug einer jungen Frau aus den Schlag-
zeilen der Presse nicht mehr herauskommt.
Francoise Wicki heißt der jüngste Stern am
Schweizer Küchenhimmel, der die Fachwelt
in Staunen versetzt, sehr zum Vorteil der
Gäste des „Drei Könige", wo die jüngste
Köchin der Schweiz seit dem Sommer 2001
nun wirkt. Zu Basels neuem Liebling ist sie
ausgerufen worden, nachdem die Querein-
steigerin mit ungewöhnlichen Karriere-
schritten ein Jahr zuvor zur Entdeckung des
Gault Millau reifte. Ihren Gästen öffnet sie

eine gleichermaßen ungewöhnliche wie
interessante Perspektive auf die mögliche
Entwicklung Schweizer Kochkunst, zu der
Kellermeister Franck Kleinhans die passen-
den Tropfen aus einem bestens sortierten
Weinkeller bereithält.

RESTAURANT „ZUR SCHUHMACHERNZUNFT"

Restaurant
„Zur Schuhmachernzunft"
Maja Schneiter

Hutgasse 6, 1. Stock
CH-4001 Basel

Telefon: 00 41 (0) 61 / 261 20 91
Telefax: 00 41 (0) 61 / 261 25 91

Ruhetage: Samstag und Sonntag

Mitten in der Basler Altstadt, dort wo sich die Sehenswürdigkeiten und die kleinen Geheimnisse der Stadt in den unzähligen Gassen erwandern lassen, liegt eine Perle der heimischen Gastronomie fast verborgen: das Restaurant „zur Schuhmachernzunft" von Maja Schneiter. Im ersten Stock des zur Blüte der Basler Stadtgeschichte erbauten, wunderschönen Hauses, hat sich die äußerst sympathische Wirtin einen lang gehegten Traum erfüllt: zehn Tische und einen schwarzen Flügel. Auf kleinem Raum und in einer nahezu intimen Atmosphäre hat die Gastgeberin ihre persönlichen Vorstellungen von der Umsetzung einer anspruchsvollen Gastronomie realisiert. Dabei hat es, wie so häufig im Leben, schon einige Zeit gebraucht, bis sie mit ihrem Restaurant „zur Schuhmachernzunft" das dafür geeignete Objekt gefunden hat. Seit zehn Jahren wirkt die Vollblutgastronomin nun im Haus an der Hutgasse und hat das Restaurant in diesen Jahren von einem zunächst einfachen Stadt-

lokal Schritt für Schritt zu dem gemacht, was es heute für viele Basler und Gäste der Stadt ist: eine erste Adresse für gepflegte Gastlichkeit. Einen nicht geringen Anteil daran hat Küchenchef Yannick Kien. Der Franzose kocht, trotz einem ausgeprägten Hang zu Experimentellem, stilvoll klassisch, nach allen Regeln der italienischen und französischen Küche, immer mit einem Auge auf die Produkte der Saison. An die Tradition gehobener Gastronomie angelehnt, ist der Gast hier noch König. Die erlesene Speisenkarte mit raffinierten Entrées, appetitlichen Fisch- und Fleischgerichten, sowie einem großzügigen Angebot an Desserts und Käsesorten weist die Qualität der Speisenkammer aus, die von bekannt zuverlässigen Lieferanten gefüllt wird. So werden Rind-, Kalb- und Schweinefleisch ausschließlich aus Schweizer Natura-Produktion verarbeitet. Das Geflügel kommt aus Frankreich und der Schweiz und das Lamm wahlweise aus Neuseeland oder Australien. Ein kulinarischer

Medaillon vom Seeteufel mit grünem und weißem Spargel
Für 4 Personen

Zutaten

320 g frischer Seeteufel
in Medaillons geschnitten,
8 Stück Weißer Spargel,
4 Stück Grüner Spargel,
80 g frische Morcheln,
1 kleine Schalotte,
200 g Blätterteig,
4 junge Karotten mit Kraut,
1 Eigelb
Für die Buttersauce:
2 Schalotten klein geschnitten,
4 cl Weißweinessig,
8 cl Trockener Weißwein,
20 cl Vollrahm,
100 g Butter

Zubereitung

Schalotten und Weißweinessig auf ein Viertel einkochen. Weißwein zugeben und auf die Hälfte reduzieren. Drei Viertel des vorgesehenen Rahms beigeben und 5 Min. köcheln. Die Masse durch ein Sieb passieren und zurück in die Pfanne, den restlichen Rahm beigeben. Die Pfanne auf kleines Feuer stellen und langsam Stück für Stück mit dem Schwingbesen die kalte Butter unterschlagen. Auf dem ausgewallten Blätterteig vier identische Formen ausstechen. Mit Eigelb bestreichen und bei 200° backen. In der Zwischenzeit Spargel schälen und in Wasser mit Salz, Zucker, Butter und Zitrone gewürzt gar kochen. Morcheln der Länge nach halbieren, gut waschen, abtropfen lassen. Schalotte schneiden und in Butter goldgelb andünsten. Morcheln zugeben und gar kochen. Mit Salz und Pfeffer abschmecken. Karotten schälen, im Salzwasser blanchieren und in warmer Butter wenden. Die Buttersauce fertig stellen. Seeteufelmedaillons wenig salzen und im heißen Olivenöl anbraten. Die warmen Blätterteigkissen in der Mitte durchschneiden, Seeteufel, Morcheln und Karotten dazu arrangieren und wenig Buttersauce auf dem Teller verteilen.

Höhepunkt ist jedoch zweifelsohne das „Menu Surprise", wahlweise mit vier oder sechs Gängen, das nach den Wünschen der Gäste und den Beratungen durch den Maître Cuisine zusammengestellt wird. Lobenswert sind in jedem Fall die leichten Saucen, die ohne übermäßige Beigabe von Butter und anderen Fetten aufmontiert werden, dafür aber mit Natur belassenen Geschmackserlebnissen aufwarten. Der gute Geschmack und die veränderten Trinkgewohnheiten haben ihren wohl verdienten Niederschlag auch in der Weinkarte gefunden. Sowohl die Auswahl an französischen, italienischen und heimischen Gewächsen, zu denen der Vater der Wirtin einen hervorragenden Blauburgunder und viele verschiedene, köstliche Obstbranntweine aus der Familienproduktion beisteuert, als auch die erfreuliche Breite in den Größen der Flaschen lassen erkennen, dass hier jemand am Werk ist, der viel vom Fach versteht. Einen Traum hat sich Maja Schneiter erfüllt, damit ihre Gäste träumen dürfen.

RESTAURANT „BRUDERHOLZ"

Restaurant „Bruderholz"
Pierre Buess

Bruderholzallee 42
CH-4059 Basel

Telefon: 00 41 (0) 61 / 3 61 82 22
Telefax: 00 41 (0) 61 / 3 61 82 03

Ruhetage: Sonntag und Montag

Zweifellos zu den Perlen der Schweizer Top-Gastronomie gehört das Restaurant Bruderholz im gleichnamigen Stadtteil Basels. Es ist das Haus von Pierre Buess, der es 1998 von seinem einstigen Lehrherrn, dem Pionier der Schweizer Küche, Hans Stucki, erwarb. Nach einer Karriere durch die besten Häuser Europas und Nordamerikas, unter anderem dem Grand Hotel Dolder in Zürich, dem „Ritz" in Paris und dem New Yorker „Plaza", schließt sich für den Absolventen der Lausanner Hotelfachschule der Kreis. Bei Hans Stucki, der 22 Jahre lang zwei Michelin-Sterne in seinem Schild geführt hat, hatte er einst das Kochhandwerk erlernt.

Was erwartet den Gast im „Bruderholz"? Am besten spricht Pierre Buess selbst: „Du bist elegant angezogen und steigst in freudiger Erwartung diese Treppe hoch. Das ist wie in die Oper gehen. Genau gleich ist das auch im Edel-Restaurant. Da schwebt man hinein und lässt sich überraschen, was aufgeführt wird auf der Bühne." Und was wird im Bruderholz geboten? Nur vom Feinsten! Küchenchef Jean-Claude Wicky setzt die Tradition Stuckis fort, ohne darauf zu verzichten, eigene Ideen einfließen zu lassen und neue, moderne Akzente zu setzen, die seine elsässische Abstammung erahnen lassen.

Es ist eine marktfrische, auf die Jahreszeiten ausgerichtete Küche, in der Qualität und der Eigengeschmack der verwendeten Produkte deutlich im Vordergrund stehen. Dabei spielt es keine Rolle, ob Fisch, Krustentiere oder Geflügel das Angebot des Tages bestimmen. Die Ausgangsprodukte werden mit großer Sorgfalt, Liebe und ebensolchen Fachkenntnissen zubereitet. Auf dem Tisch des Gastes landen sie indes im Ganzen. Die Servicemitarbeiter unter der Anleitung des seit annähernd 30 Jahren im Bruderholz wirkenden Maître Laurent Gonin arbeiten nämlich noch am Tisch, so wie es dem Verständnis von erstklassiger Gastronomiekultur eines Pierre Buess entspricht.

„Wir machen keine Kompromisse", sagt der

Eigentümer. Trüffel werden hier gleichfalls im Ganzen serviert, die Ente beispielsweise klassisch à l'orange oder in Ingwer, die Gänseleber im Blätterteig. Fast ein Dutzend unterschiedlicher Brote macht der Bäcker selbst. Zu einer dampfend heißen Tasse Kaffee im Foyer des Hauses oder auf der dreigeschossigen, zu einer der schönsten der Schweiz zählenden Terrasse, reicht ein bezauberndes Lächeln köstliche Petit fours aus der Patisserie. Die Weinkarte weist rund 700 Positionen der besten Kreszenzen von nahezu allen Spitzenweingütern aus, darunter die Linie Dom Perignon Enothèque.

Neben allen kulinarischen Angeboten entzückt das „Bruderholz" durch seinen subtilen Charme und seine nicht protzende Eleganz. Oder wie formulierte es einer seiner Gäste: „Am Bruderholz liebe ich seine legendäre Geschichte, die man in jedem Winkel einatmet und die Sommerabende im herrlichen Garten. Da wird das lukullische Happening mit der richtigen Stimmung gekrönt. Diese Kombination ist sicherlich einzigartig." Chapeau!

DER TEUFELHOF BASEL

Der Teufelhof Basel
Das Kultur- und Gasthaus

Monica und Dominique
Thommy-Kneschaurek

Leonhardsgraben 49
CH-4051 Basel

Telefon: 00 41 (0) 61/2 61 10 10
Telefax: 00 41 (0) 61/2 61 10 04

Ruhetage im Restaurant „Bel Etage":
Samstag Mittag, Sonntag und Montag

$\mathcal{D}$er Teufelhof Basel, hoch oben inmitten der Basler Altstadt gelegen, ist ein in vielerlei Hinsicht ungewöhnliches Haus. Es ist Hotel, Gast- und Kulturhaus, Weinladen, Theater und wenn man ganz genau hinsieht, noch vieles mehr. Natürlich geht es auch hier vordergründig um Beherbergung, gute Unterhaltung und eine hervorragende Küche. Das Konzept der Eigentümer geht jedoch noch weiter, vor allen Dingen in die Tiefe. Es sieht nämlich einen Austausch unter den Bereichen vor, einen Transfer an Gefühlen und Erlebnissen.
„Unsere oberste Zielsetzung ist es, Neugier zu wecken, Vermittler zu sein zwischen Persönlichkeiten, ihren Qualitätsprodukten und unseren Gästen", beschreiben Monica und Dominique Thommy-Kneschaurek ihre ebenso einfache wie anspruchsvolle Philosophie. Unter einem Dach verbinden sich unter der künstlerischen Leitung von Dominique ein intensiver, auf die Sparten Kabarett und Satire fokussierter Kulturbetrieb mit dem eigenwilligen und wohl deshalb auch sehr erfolgreichen Konzept eines Kunst- und Galeriehotels mit rhythmisch wechselnden Raumgestaltungen der Hotelzimmer durch internationale Künstler und den Chef des Hauses selbst.
Hinzu gesellt sich eine, unter der Federführung von Monica ausgefeilte Gastronomie, die in ihrer gleichermaßen perfekten wie leger präsentierten Form ihresgleichen sucht. Der Chef in der Küche ist Michael Baader, einer der zehn besten Köche Deutschlands. Seine Kochkunst hat dazu beigetragen, seine frühere Wirkungsstätte „Die Schweizer Stuben" in Wertheim stets unter die drei höchstklassierten Gourmet-Restaurants zwischen Flensburg und Mittenwald zu platzieren.
Seine Philosophie: „Kochkunst beginnt nicht im Kochtopf, sondern in den Köpfen ihrer Protagonisten. Sie ist auch nicht eine

Ormalinger Jungschwein mit Bierschaumsauce, Rösti und jungen Rübli
Für 4 bis 6 Personen

Zutaten

1 kg Ormalinger Jungschweinrücken
mit Knochen,
60 g Bratbutter, Salz, Pfeffer
Für die Sauce: 1 geschälte Schalotte,
1 Rosmarinzweig,
2 dl Bier, 4 cl Sauternes,
80 g Butter, 2 Eigelb,
1 Tl Pommery Senf,
Acetico Balsamico,
Salz, Pfeffer

Zubereitung

Frage der Preisklasse, sondern der Berufsethik. Sie beginnt mit dem handwerklichen Können, dem Willen zur eigenen Kreativität und dem Anspruch an die Produktqualität." Fertig- und Stangenware ist unerwünscht. Für das Feinschmecker-Restaurant „Bel Etage" sowie für die alltäglichen Genüsse vorgesehene Weinstube werden ausschließlich frische Produkte verarbeitet und selbst hergestellt. Die Karte wechselt täglich, um Kreativität und saisonalen Einflüssen ihren Lauf zu lassen.

Die Weinkarte hat Monica Thommy-Kneschaurek in liebevoller Detailarbeit zusammengestellt. Prestigeweinkarten mit zusammengekauften großen Namen sind ihr ein Gräuel. Darum hat sie, mit dem Weinhandelspatent in der Tasche, kleine und bis dato unbekannte Winzerinnen und Winzer besucht, ihre Weine verkostet und bei Gefallen auf die Karte gesetzt. Dort werden Erzeuger und Produkt ausführlich beschrieben – eine wahre Rarität, ganz wie „Der Teufelhof Basel" selbst auch.

Den Schweinerücken salzen und in Bratbutter auf der Hautseite anbraten (wenig Bräunung). Die Pfanne in den auf 180° vorgeheizten Ofen geben. Nach 15 Min. den Schweinerücken auf die Knochenseite drehen, je nach Durchmesser 70-80 Min. weiterbraten, alle 10 Min. mit Bratfett übergießen, vorher aber durch ein metallenes Teesieb seihen; Fleisch 15 Min. ziehen lassen; Schweinerücken aufschneiden, salzen und pfeffern. Schalotte in Streifen schneiden und zusammen mit Rosmarin und Bier in eine Sauteuse geben, aufkochen, bis auf 4 cl einkochen und danach abpassieren. Reduktion, Sauternes und die Eigelbe in eine Schüssel geben und über dem Wasserbad mittels Schneebesen bis zur „Rose" aufschlagen (wie bei Sauce Hollandaise); parallel dazu die Butter in einem Töpfchen zerlaufen lassen; Schüssel vom Wasserbad nehmen und die zerlaufene Butter nach und nach unterrühren; mit Senf, Balsamico-Essig, Salz und Pfeffer abschmecken. Als Beilagen geben wir Rösti und junge Rübli.

GASTHOF „ZUM GOLDENEN STERNEN"

Der „Gasthof zum Goldenen Sternen" ist das älteste Gasthaus Basels und bietet seinen Gästen, direkt am Rheinufer, eine idyllische Ruhepause von den alltäglichen Strapazen. Urkundliche Erwähnung fand der „Sternen" erstmals 1349. Knapp 70 Jahre später wurde bezeugt, dass die Herberge Durchreisenden „Speis' und Trank" anbot. Damals hieß der Gasthof noch „zem swartzen Sternen". Aus dem schwarzen wurde dank eines freundlicheren Anstriches ein goldener Stern. Jener prangt nun weithin sichtbar unmittelbar am Rheinufer und signalisiert heitere Gastfreundschaft und köstliche Gaumenfreuden. Bis 1964 stand der „Gasthof zum Goldenen Sternen" noch in der Aeschenvorstadt. Eine profane Straßenverbreiterung wurde dem Gasthaus dort fast zum Verhängnis. Glücklicherweise erkannte man den historischen Wert des gotischen Bauwerkes, als beim Abbruch prächtige Wand- und Deckenmalereien zum Vorschein kamen. Stein für Stein wurde sorgfältigst abgetragen, alles demontiert und unter Aufsicht der Denkmalpflege zehn Jahre später im St. Albantal wieder aufgebaut.

Nun steht der Gasthof als Oase der Gastlichkeit im historischen Altstadtquartier „Dalbeloch" und setzt eine Tradition fort, die im 15. Jahrhundert mit dem Tavernenrecht und dem Privileg begann „dreierlei Wein und das Mahl" anbieten zu dürfen. Diesem Prinzip ist Gastgeber Johannes Tschopp treu geblieben, auch wenn sich die Präsentation bis heute naturgemäß gewandelt hat. Die klassische Küche gibt im „Goldenen Sternen" den Ton an, unabhängig ob der Gast in der gediegenen Atmosphäre der Gaststube oder - in den warmen Monaten des Jahres - auf einer der beiden herrlichen Terrassen speist. Küchenchef Christian Kech nimmt bei der Gestaltung der Speisenkarte Rücksicht auf die Jahreszeiten und ihre Spezialitäten. Unverkennbar ist zudem der Einfluss, den die französische Küche über den Rhein getragen hat. Appetit machen zum Beispiel eine geräucherte Lachs-Charlotte mit Buchweizen-Pfannkuchen, eine „Fischharmonie" aus fünf perfekt gegarten Meeres- und Süßwasserfischen auf

**Gasthof
„Zum Goldenen Sternen"**
Gastgeber Johannes Tschopp

St.-Alban-Rheinweg 70
CH-4052 Basel

Telefon: 00 41 (0) 61/2 72 16 66
Telefax: 00 41 (0) 61/2 72 16 67

Kein Ruhetag

Safransauce und Kaninchenfilets im Roh-
schinkenmantel mit schaumiger Basilikumsauce und Gemüse-Parpadelle.
Der Klassiker im „Goldenen Sternen" ist das
mehrgängige „Lucullus-Mahl" zu dem wahlweise ein passendes Weinset, oder erstklassige Weine aus verschiedenen Regionen im
Offenausschank kredenzt werden. Wer die
Schätze aus dem Weinkeller sinnfälligst kosten möchte, sollte mit der Fähre „Wilde
Ma" reisen. Das schont die Umwelt und der
Gast kann mit allen Sinnen genießen.
Mit den historischen Räumlichkeiten ist das
Haus bestens auf die verschiedensten Feier-
lichkeiten eingerichtet. Im historischen
„Sternensaal" mit der barock bemalten Holz-
decke aus dem 17. Jahrhundert fanden
schon viele Hochzeiten statt und freuen
tut's den Gastgeber besonders, wenn diese
Familien später andere freudige Ereignisse
im selben Rahmen feiern.

Sommerliche Rotbarbenfilets auf Couscous mit Karottenstroh
Für 6 Personen

Zutaten

800 g Rotbarbenfilets,
4 dl Olivenöl,
2 Bd Pfefferminze,
8 dl Gemüsefond
je 100 g Sellerie, Karotten,
Zwiebeln und Lauch,
Lorbeerblatt, Nelke und Korianderblatt,
400 g Couscousgrieß,
300 g Balsamico,
500 g Karotten,
30 g Zucker,
Salz, Pfeffer,
Frittieröl für Gemüse

Zubereitung

Rotbarbenfilets entschuppen und filetieren. Gemüsefond: In einem Liter kalten Wasser das Gemüse (Sellerie,
Karotten, Zwiebeln und Lauch) sowie
die Gewürze ansetzen, ca. 50 g Pfefferminze dazugeben, mit Salz und Pfeffer
würzen und 2 Stunden sieden. Die
Karotten schälen und in feine Streifen
schneiden und in der Friteuse bei ca.
150° frittieren, anschließend auf Küchenpapier legen damit das restliche
Öl gut abtropft. Den Balsamico mit
etwas Zucker in einer Sauteuse erhitzen und eindicken bis eine cremige
Flüssigkeit entsteht; erkalten lassen.
Den Couscousgrieß in eine Schüssel
geben, 1 dl Olivenöl dazugeben, mit
den Händen verreiben, bis alles Öl auf-
gesogen ist. Anschließend mit dem
heißen Gemüsefond übergießen und
ziehen lassen bis die Flüssigkeit weg
ist, warm stellen. Die Rotbarbenfilets
auf der Hautseite 2–3 Mal übers Kreuz
einschneiden, mit Salz und wenig
Pfeffer würzen und im Olivenöl auf
beiden Seiten anbraten. Den warmen
Couscousgrieß mit einer Gabel luftig

rühren und in der Mitte des Tellers
anrichten. Das restliche Olivenöl salzen und mit dem reduzierten Balsamico vermischen, mit einem Löffel diese
lauwarme Vinaigrette rund um den
Couscousgrieß dressieren, die Rotbarbenfilets darauf anrichten und seitlich
mit dem frittierten Karottenstroh dekorieren, mit einem Pfefferminzstrauß
garnieren.

JUGENDSTIL-SPEISERESTAURANT „CHARON"

duc", bei Guy Savoy, ebenfalls in Paris, und dem zweiten Musketier der Schweizer Haubenkünstler, Fredy Giradet, schloss sich der Kreis für Urs Weidmann, als er für mehr als vier Jahre zu Hans Stucki in dessen Restaurant im Baseler Ortsteil Bruderholz als Küchenchef zurückkehrte. Danach war die Zeit reif für die Selbständigkeit. In seinem Domizil im „Charon" setzt Weidmann nun all das um, was er in den besten Häusern dies- und jenseits des Rhein gelernt und erfahren hat. Seine in den Jahren geprägte Philosophie klingt gleichermaßen schlicht wie logisch: „Die einfachste Küche ist gleichzeitig auch die schwierigste. Wir pflegen sie hier jeden Tag." Diese kleine Weisheit steht für jeden Gast gut sichtbar auf der von Hand geschriebenen Speisenkarte, die an Breite und Abwechslung

In Steinwurfnähe zum mächtigen Spalentor befindet sich ein Geheimtipp für Feinschmecker, die das Natürliche und Einfache schätzen, ohne dabei auf einen Hauch von Luxus verzichten zu wollen. Im „Charon", der ehemaligen Weinstube seines ersten Besitzers Louis Charon, kocht mit Urs Weidmann einer der ausgezeichnetsten Köche der Schweiz. Seit 1989 hier in gemütlichem Ambiente aktiv, präsentiert Urs Weidmann Tag für Tag seine Philosophie einer auf das Wesentliche reduzierten Kochkunst.

Erlernt hat er sein Handwerk bei den Besten seines Berufsstandes. Einer Ausbildung zum Konditor hat Weidmann eine zusätzliche Lehre als Koch folgen lassen - bei keinem geringeren als bei Hans Stucki, einem der Wegbereiter der modernen Schweizer Küche und Inbegriff von Gastlichkeit und erstklassiger Kochkunst. Nach Stationen in der „Aubergine" von Eckard Witzigmann in München, dem Pariser Fisch-Restaurant „Le

Jugendstil-Speiserestaurant
„Charon"
Urs Weidmann

Schützengraben 62
CH–4051 Basel

Telefon: 00 41 (0) 61 / 26 19 98 0
Telefax: 00 41 (0) 61 / 26 19 90 9

Ruhetage: Sonntag und Montag

Schokoladen Läckerli Cake
Für 4 Personen

Zutaten

1 Form à 11x11 cm und ca. 4 cm Höhe,
1 gebuttertes Papier
Für die Füllung:
1 dl Milch,
1 Messerspitze Zimt,
170 g bittere Couverture fein gehackt,
70 g Kaffee (besser Espresso),
30 g Kirsch

Zubereitung

Das gebutterte Papier unter die Form legen und an die Außenseite der Form drücken, kühl stellen. Milch mit Zimt aufkochen, die gehackte Couverture hineinrühren, sofort Kaffee und Kirsch beifügen, glatt rühren. Damit ca. 1 cm des Bodens begießen und kalt stellen; fertige Läckerlis in Kaffee-Kirsch-Marinade kurz tränken (nicht zu weich werden lassen), dann auf die Schokomasse legen, so dass der gesamte Boden belegt ist; mit Schokoladenmasse auffüllen und kühl stellen; nochmals mit Läckerli belegen und wieder mit Masse auffüllen – für einen Tag kühl stellen; Form auf eine Platte stürzen, Papier entfernen und die Form vom Kuchen lösen; in Würfel oder Tranchen schneiden; auf kalter Vanillesauce anrichten und mit gehackten Pistazien garnieren.

keinerlei Wünsche offen lässt. Unter den Vorspeisen finden sich mit einem Nüsslisalat in weißem Trüffelöl mit Parmesan, Thunfisch Carpaccio an Wasabi-Soja Vinaigrette sowie Ravioli mit Kaninchen - Petersilienfüllung und Trüffelsauce erste Anzeichen, in welche Richtung die kulinarische Reise mit Urs Weidmann geht. Fisch, wie eine im Ganzen gebratene Seezunge oder ausgelöste Riesencrevetten, gebraten, auf einer thailändischen Sauce mit Basmatireis serviert, gehört ebenso zu seinem Schaffenskreis wie Fleisch und Innereien. Unverkennbar sind Einflüsse der asiatischen Küche. Gemein ist allen Gerichten die Reduktion auf den ursprünglichen und unverfälschten Geschmack seiner Ausgangsprodukte. Die Weinkarte ist ausgewogen und berücksichtigt neben einheimischen Gewächsen, edle Tropfen aus Frankreich, der Schweiz, Italien und Spanien. Schön, dass einzelne weiße wie rote Weine auch offen ausgeschenkt werden.

RESTAURANT „SCHLOSS BINNINGEN"

Wilfried Dammann, geboren in Norddeutschland, ist zu Anfang der 70er Jahre nach Basel gekommen, zunächst in das Hotel International als Küchenchef. 1976 baute er das Restaurant „Les quatres Saisons" im Hotel Europe auf, in dem er einen Michelin-Stern erkochte. Nach zwei weiteren Stationen im „Schützenhaus" und dem Landgasthof „Ochsen" hat er 1994 das Schloss-Restaurant Binningen in eigener Regie übernommen. In historischem Gemäuer setzt er nun schon seit Jahren mit einer gleichermaßen professionellen wie gastfreundlichen Mannschaft in Küche und Service seine Vorstellungen erstklassiger Gastronomie in die Tat um.

Im eleganten „Salon français", der mit einem Hauch Rustikalität durchwobenen „Schlossstube" und den vielen unterschiedlich großen, für gesellschaftliche Anlässe verschiedenster Größenordnung bestens geeigneten Salons im oberen Stockwerg, teils im Stil des Rokoko, teilweise in jenem des Empire eingerichtet, treffen Geschichte und moderne Gastlichkeit in eindrücklicher Weise aufeinander.

Die erste Kunde vom Schloss Binningen stammt nämlich aus dem Jahre 1299. Das ursprünglich als Weiherschloss mit drei stolzen Türmen auf vier Stockwerken erbaute Anwesen, das in kriegerischen Zeiten und beim Erdbeben zu Mitte des 14. Jahrhunderts verschiedentlich zerstört wurde, ließen

Restaurant „Schloss Binningen"
Wilfried Dammann

Schlossgasse 5
CH-4102 Binningen

Telefon: 00 41 (0) 61 / 4 21 20 55
Telefax: 00 41 (0) 61 / 4 21 06 35

Geöffnet: Dienstag bis Samstag
9 bis 24 Uhr, Sonntag und Montag
nach Vereinbarung

In einer Umgebung zu speisen, in der sich früher Fürsten und anderer Adel ein fröhliches Stelldichein gaben, ist ein Privileg, das heute jedem offen steht, der exquisite Küche und ein angenehmes Ambiente schätzt. Ein Ort voller Ruhe und Gelassenheit ist das Schloss Binningen, noch besser: die Restaurationen im Schloss, nur wenige Autominuten vom lebhaften Zentrum Basels entfernt. Sein Patron ist ein Gastgeber alter Schule, ein leidenschaftlicher Verfechter der klassischen Gastronomie mit neuzeitlicher Kochart.

seine Besitzer wieder aufbauen, allerdings
auf zwei Stockwerke und einen Turm redu-
ziert. Im 18. Jahrhundert wurde der Weiher
aufgefüllt, die umliegenden Schlossgüter
verkauft, überbaut und schließlich – welch
ein Segen – ein Gasthof eingerichtet!
Dort zelebriert nun Wilfried Dammann eine
marktfrische, ehrliche Küche, die keinen unnötigen Schnickschnack kennt, wohl aber
die Herausforderungen anspruchsvoller Gäs-
tewünsche gerne berücksichtigt: „Der Gast
soll einfach sagen, was er haben möchte",
fordert der Patron zu kulinarischer Eigen-
initiative auf.
Leichte, saisonale Gerichte werden à la mi-
nute gekocht. Steckenpferd sind ihm Fisch-
und Wildgerichte, die er im Rahmen eines
kompositorischen Genusserlebnisses zubereitet. Dazu gesellt sich eine gut ausgewo-
gene Weinkarte.

Milchlamm-Kotelettenstück
mit Polenta und Saisongemüse
Für 6 Personen

Zutaten

6 Kotelettenstücke mit
4 Knochen à 200 g,
60 g Meaux-Senf,
Salz, Pfeffer aus der Mühle,
Olivenöl und Butter
Für die Kräutermischung:
60 g Weißbrotbrösel, fein gerieben,
20 g Petersilie, fein gehackt,
10 g fein gehacktes Fenchelgrün,
Salz und Pfeffer
Für die Sauce:
2 dl braunen Lammfond,
1 dl Merlot Rotwein,
20 g Tannenhonig,

1 Holunderblütendolde,
50 g kalte Butter
Für die Polenta:
250 g Schnellmais, mittelfein,
$^1/_2$ l Bouillon,
2 cl Olivenöl,
50 g Schalotten,
fein gehackt,
1 frischer Rosmarinzweig

Zubereitung

Fleisch salzen, pfeffern und in einer
Pfanne mit Olivenöl und Butter anbraten, nach ca. 6 Min. in einen auf 190°
vorgeheizten Backofen geben, nach
30 Min. auf 50° reduzieren; Kräuter
mischen und abschmecken; vor dem
Anrichten Fleisch mit Senf bestreichen, mit der Kräutermischung bestreuen, mit Butter beträufeln und im
Salamander kurz überflammen;
Lammfond und Rotwein mischen und
auf 2 dl reduzieren, Tannenhonig dazu
und durchkochen. Kalte Butter unterheben und kurz vor dem Servieren die
Holunderblüten dazugeben, mit Salz
und Pfeffer abschmecken;
Polenta: Olivenöl in einen Topf geben,
erhitzen, Schalotten anschwitzen, mit
Bouillon auffüllen, zum Kochen bringen, den Rosmarinzweig dazugeben,
den Mais einrühren und langsam
kochen lassen. Topf mit Deckel verschließen und beiseite stellen.
Saisongemüse nach Geschmack dünsten, glasieren oder schmoren.

107

Bei Basel

RESTAURANT „MARTIN"

Restaurant „Martin"
Evelyn und Werner Martin

Hauptstraße 94
CH-4112 Flüh

Telefon: 00 41 (0) 61 / 7 31 10 02
Telefon: 00 41 (0) 61 / 7 31 11 03

Ruhetage: Sonntag und Montag

Der Mann ist eine Institution und sein Restaurant, das er gemeinsam mit seiner Frau Evelyn betreibt ist es mittlerweile natürlich auch geworden. Die Rede ist von Werner Martin und seinem idyllisch gelegenen Landgasthof für Feinschmecker und verwöhnte Gaumen ganz in der Nähe von Basel, im kleinen Örtchen Flüh.
Die Reise führt unter einem sommerlich blauen Himmel vorbei an Ortschaften, duftenden grünen Wiesen und entspannt wirkenden Menschen, die ihren Alltag froh gelaunt gestalten. Ohne auch nur einen Blick auf die mitgeführte Landkarte zu verschwenden, spürt der Reisende recht bald, dass sich das Leben in dieser Region der Schweiz auf das angenehmste mit der Lebenseinstellung seiner französischen Nachbarn paart, deren „savoir vivre" unverkennbaren Einfluss auf das Kulturverständnis der Menschen und ihre Art von Lebensführung nimmt.

Ehe man sich versieht, steht man auch schon direkt vor dem ehemaligen Bahnhofrestaurant, das einst Reisenden auf ihrem Weg durch die nördliche Schweiz und das Elsass als Raststation diente. Im Verlauf der jüngeren Zeitgeschichte ist daraus ein gemütliches und charmantes Landgasthaus mit einer exzellenten Küche geworden – eine Entwicklung, an der seine Besitzer naturgemäß nicht ganz unbeteiligt waren und es bis heute sind.
Seit einem Vierteljahrhundert sind Evelyn und Werner Martin in Flüh. Der Jäger aus Leidenschaft hat schon zu Beginn seiner Karriere immer Ausschau nach attraktiven und lehrreichen Stationen in ganz Europa gehalten. Sein Rüstzeug für perfekte Handwerkskunst und das Verständnis für eine Philosophie des unverfälschten Kochens hat er in den renommiertesten Häusern, so im „Palace" in St. Moritz, dem „Dorchester" in London und dem legendären „Maxim" in

Paris erworben, bevor es ihn über den „Schweizer Hof" in Bern und den „Kronenhof" in Pontresina wieder zurück zu heimischen Wurzeln zog.

Auf halbem Weg zwischen Basel und Laufen hat er sich mit seiner Gattin den Traum vom eigenen Restaurant erfüllt. Ein Hauch eleganter Behaglichkeit weht durch das Restaurant und die angrenzende Johann-Muench-Stube. Schon zur Mittagszeit lassen sich Gäste hier von den erlesenen Speisen verwöhnen, in den warmen Monaten vorzugsweise im herrlichen Garten neben dem Haus. Für kleine wie größere Veranstaltungen steht im Obergeschoss ein Saal für 30 bis 40 Personen zur Verfügung.

Aus seiner Abneigung gegen moderne Trends in der Küche macht Werner Martin keinen Hehl: „Ich bin ein Klassiker und habe die neue Küche nie mitgemacht." Die leichte Küche ist ihm ein Anliegen, seine Liebe gehört, neben Evelyn, den Fischen,

hier dem Zander, St. Pierre und den Austern, und natürlich dem heimischen Wild – bei einem passionierten Jäger wie ihm kein Wunder. Als Fachmann bevorzugt er überwiegend das zartere Fleisch von weiblichen Tieren, das er, wenn er Fasane, Rebhühner, Reh und Wildschweine nicht gerade selbst erlegt, am Knochen kauft und auch lagert. Das machen heute nicht mehr viele. Ansonsten bedient er sich bei heimischen Lieferanten aus der Region oder dort, wo er die besten Produkte bekommt. Spargel bezieht er so aus Deutschland und dem Elsass, das direkt hinter seinem Haus beginnt. Nicht unerwähnt lassen wollen wir die Weinkarte, die mit Umsicht und sicherem Gespür zusammengestellt ist. Weniger die Anzahl von rund 300 Positionen beeindruckt, als vielmehr die in diesen Breiten eher ungewöhnliche Verlagerung des Schwerpunktes auf italienische Gewächse. Daneben bestehen wirklich gute Kreszenzen

aus dem französischen Burgund und der Neuen Welt.

Zu empfehlen ist ein Besuch „Chez Martin" natürlich jederzeit, besonders aber zur Mittagszeit. Mit etwas Glück nämlich trifft man dann den Stammtisch der Einheimischen an, die bei einer großen Tasse Kaffee über die schönen und wirklich wichtigen Dinge des Lebens philosophieren: den Nachbarn, die Liebe und den Fußball des FC Basel.

HOTEL GASTHOF „BAD SCHAUENBURG"

**Hotel Gasthof
„Bad Schauenburg"**
Fredi und Pauline Häring

CH-4410 Liestal

Telefon: 00 41 (0) 61 / 9 06 27 27
Telefax: 00 41 (0) 61 / 9 06 27 00

Ruhetag im Restaurant: Sonntagabend

Wo sich früher wohlhabende Basler Bürger beim offiziellen Badebetrieb und anderen gesellschaftlichen Ereignissen vergnügten, treffen sich heute Gäste, die eine vorzügliche Gastronomie in Ruhe und Abgeschiedenheit genießen. Im Hotel Gasthof Bad Schauenburg, wenige Autominuten von Basel entfernt, ist das möglich, weil sich hier Tradition und Moderne zu einem großen Ganzen paaren.

Ohne die Gastgeber Fredi und Pauline Häring, Küchenchef Patrick Labalette und einer Mannschaft gleichermaßen qualifizierter wie motivierter Mitarbeiter in Hotel, Küche und Service wäre das traditionsreiche Haus allerdings wohl nur die Hälfte wert. Für ihr überdurchschnittliches Engagement und der Sorgfalt, mit der sie dem Gast in dem über 300 Jahre alten, und in den letzten Jahren schrittweise sanierten und nach Originalplänen restaurierten Gemäuer begegnen, sind die Bediensteten des Hauses von einem bedeutenden Schweizer Gastronomieführer zum Team des Jahres 2002 gekürt worden.

Entscheidenden Anteil am Erfolg des Hauses hat neben dem umsichtig agierenden Patron Fredi Häring sicherlich Küchenchef Patrick Labalette und seine überwiegend im französischen Kulturkreis beheimatete Haubencrew. In nahezu perfekter Weise werden regionale Produktressourcen marktfrisch verarbeitet. Der Gault Millau vergibt in schöner Regelmäßigkeit 16 Punkte für her-

Pot au Feu
von der Poularde
mit Safran und Trüffel
Für 2 Personen

Zutaten

2 Poulardenbrüstchen à 160 g,
5 dl Hühnerbouillon,
6-8 Safranfäden,
20 g Trüffelbutter,
1 mittlerer Perigord Trüffel,
4 kleine tournierte Kartoffeln,
4 kleine tournierte Karotten,
4 kleine tournierte weisse Rüben,
4 kleine Selleriestreifen,

Zubereitung

Die ganze Poularde zerlegen in Oberschenkel und Brüste; die Karkasse grob zerhacken andämpfen und mit beiden Schenkeln sowie den Gemüsen langsam zu einem Fond kochen.
Die Poulardenbrüste in einem Sautoir auf beiden Seiten mit Olivenöl leicht anbraten, etwas Fond dazugeben und mit etwas Trüffelbutter aufmontieren.
Zum Anrichten die Brüste in 6 Tranchen schneiden, dazwischen immer eine Scheibe Perigord Trüffel legen.
Das Ganze in einem Suppenteller anrichten, mit Safranfäden und dem tournierten Gemüse ausgarnieren.
Verfeinern mit etwas Hühnerbouillon.

vorragende Qualitäten. Alleine schon die Anreise über einen schmalen Weg hindurch an herrlich duftenden Wiesen, vorbei an gemütlich schmatzenden Kühen, stimmt ein auf gastronomische Erlebnisse in einer Atmosphäre heiterer Gelassenheit.

Aktuell sind die französischen Rezepte – darunter auch solche, die etwas in Vergessenheit geraten sind. Eine große Spezialität von Labalette sind nach wie vor ganze Fische, die aus dem Ofen kommen und vom Maître Service, Urs Hischier, fachgerecht am Tisch zerlegt werden. Die aufwändig von Hand geschriebene Speisekarte vermittelt mehr einen Überblick über die Möglichkeiten als rigide Bestellmuster. Auf Wunsch und nach Beratung geht vieles: Schnecken auf knackigem Kleingemüse in einer Reduktion von rotem Burgunder, gebratene Jakobsmuscheln mit Spargeln in Champagnercreme und Mignons de Bœuf in einer Meaux-Senfsauce - um nur eine kleine Auswahl aufzuzeigen.

Dazu entdeckt Fredi Häring für seinen Weinkeller immer rare Trouvaillen, die er zu höchst anständigen Preisen feilbietet. Die Karte ist mit kluger Akribie zusammengestellt und hält für Liebhaber guter Jahrgänge einige angenehme Überraschungen

bereit. Gleiches trifft auf die gut dreißig, teils im Biedermeier-Stil eingerichteten Hotelzimmer zu, deren morgendlicher Ausblick auf die gepflegte Parkanlage einen verheißungsvollen Tag verspricht. Tagungsgäste gehen in einem professionell ausgestalteten Nebengebäude kreativen Lösungen nach - ganz so wie zu Zeiten des einst florierenden Badebetriebes.

DOMAINE NUSSBAUMER

Domaine Nussbaumer AG

Kurt Nussbaumer,
Rita und Nicolas Dolder

Klusstraße 177
CH-4147 Aesch

Telefon: 00 41 (0) 61 / 7 51 45 - 45
Telefax: 00 41 (0) 61 / 7 51 45 - 10

Ruhetag im Weinladen: Sonntag;
Landgasthof durchgehend geöffnet

Essen und trinken gehören einfach zusammen. Hinter diesem Satz verbirgt sich eine Weltanschauung, die auf der Domaine Nussbaumer, nur wenige Kilometer von Basel entfernt, mit Leib und Seele gelebt wird. Kurt Nussbaumer selbst hat die von seinem Vater vor knapp 50 Jahren gegründete Domaine in Aesch, bestehend aus einem privaten Weingut und einer sehr guten, auf die Ursprünglichkeit der Region und ihrer Produkte ausgerichteten Gastronomie, im benachbarten Landgasthof mit seiner Frau Josy aus- und aufgebaut.

Die Geschicke der Domaine werden durch Geschäftsführer Kurt Nussbaumer, dem für Marketing und Administration verantwortlichen Nicolas Dolder und vom Önologen Roland Lienhard geleitet. Letzterer legt das Fundament der Weine im Keller. Gemeinsam verfolgen sie die Philosophie, exquisite Produkte zu reellen Preisen zur Zufriedenheit ihrer Kunden anzubieten. Das Sortiment der Nussbaumerschen Weine ist breit gefächert und muss sich hinter jenen großer Winzergenossenschaften keineswegs verstecken. Im Gegenteil: Gerade im gut sortierten Weinladen lassen sich noch Tropfen entdecken, die an Klasse selbst verwöhnten Weinken-

einhunderttausend Kilo an Trauben. Zur Domaine gehört neben dem Weinanbau und –handel der Landgasthof Klus gleich vis à vis. Dort wirken seit kurzem die Wirtsleute Rolf und Ulrike Stoye-Lingg. Sie setzen, ganz nach den Vorstellungen von Kurt Nussbaumer und seinen jungen Nachfolgern Rita und Nicolas Dolder, die Tradition der Symbiose von guter Gastronomie und erstklassigen Weinen fort. Internationale Trends wolle man nicht nachahmen, vielmehr die regionale Küche und ihre Produkte in den Mittelpunkt rücken. Vor allem für die vielen Einheimischen und Gäste möchte man „einfach gut" sein und authentisch bleiben. Günstige Menükompositionen kann der Gast im Ofenstübli oder bei gutem Wetter auf der Terrasse mit einem wundervollen Blick über das Tal genießen. Für feierliche Anlässe steht der Wintergarten zur Verfügung. Besonders lohnt ein Ausflug zu Kaffee, frischem Kuchen und selbstgemachten Eisbechern. Dann lässt sich nämlich auch das Weinangebot im Laden der Domaine Nussbaumer zwanglos verkosten. Ganz so, wie es seit Generationen gedacht und gemacht wird: Essen und trinken gehören einfach zusammen.

nern Respekt abnötigen. An erster Stelle sei der Blauburgunder genannt, die dominierende Rotweinrebe in der Schweiz, die auch bei Nussbaumer oberste Priorität genießt. Die Rebberge der Domaine liegen in der Klus in Aesch „bi Gott" und in Arlesheim. Sie weisen eine Gesamtfläche von 7,5 Hektar auf. Hier wurden schon zu Zeiten der Römer Reben angepflanzt, und es ist deshalb das älteste Anbaugebiet im Kanton Baselland.

Das Mikroklima und der Boden bieten ideale Voraussetzungen für die Schaffung guten Weins. Die Rebberge liegen allesamt an exponierten Südhängen und genießen dadurch eine starke und die Qualität fördernde Sonneneinstrahlung. Da das wunderschöne Tal in Aesch endet und damit in sich abgeschlossen ist, speichert der Boden die Wärme besonders gut.

Neben allen vorhandenen klimatischen Voraussetzungen zum An- und Ausbau erstklassiger Weine zählt die Arbeit im Keller zu den wesentlichen Erfolgsfaktoren. So erfolgt die Bewirtschaftung aller Reblagen der Domaine nach den Richtlinien der integrierten Produktion und ist damit ein wichtiger Bestandteil der Nussbaumerschen Weinanbauphilosophie. Bekannt geworden sind Kurt Nussbaumer und seine Weine nicht zuletzt durch das von ihm bewusst vorangetriebene und leidenschaftlich verfochtene Prinzip der Umkehrosmose.

Bei diesem physikalischen Verfahren wird der Traube Wasser entzogen, was mit einer Konzentration des Mostes einhergeht. Wie auch immer die Jahrgänge ausfallen, Kurt Nussbaumer steht dazu: „Wir sind überzeugt, dass unsere Weine damit eine qualitative Verbesserung erfahren. Denn es verändert weder die Substanz, und damit die Qualität, noch die Eigenschaften des Traubenmostes selbst. Es verdichtet sie nur." Weine, die aus diesem Verfahren hervorgehen, werden auf der Flaschenrückseite als solche ausgewiesen. Für Winzer aus der Region verarbeitet die Domaine Nussbaumer im Lohnverfahren zudem jährlich weitere

FREIBURG – DAS GRÜNE HERZ IM BREISGAU

Freiburg hat viele Gesichter und Namen: Breisgaumetropole, Öko-hauptstadt Deutschlands, beliebteste Stadt der Republik mit höchster Lebensqualität und so weiter und so fort. Tatsächlich lässt sich die über 900 Jahre alte Stadt an der Dreisam mit dem markanten Münster in ihrer Altstadt, Universität mit Weltruf, zahlreichen Kunst- und Kulturschätzen, bunten Veranstaltungen, lebhafter Kneipenszene und erstklassiger Gastronomie in keine Kategorie pressen. Und gerade das ist es vielleicht, was sie für viele Freiburger und Besucher aus aller Welt so sympathisch, unwiderstehlich und lebenswert macht.

Freiburg hat eine bewegte Vergangenheit hinter sich. Die Zähringer-Gründung im 11. Jahrhundert war über Jahrhunderte hinweg Spielball französischer Interessen und österreichischer Hegemoniebestrebungen des Hauses Habsburg: gebeutelt von kriegerischen Auseinandersetzungen europäischer Herrschaftshäuser, heimgesucht von latenten Seuchen, rasanten Berg- und Talfahrten zwischen dem Reichtum einer blühenden Handelsstadt und der Armut nach verzehrenden Kriegen. Immer aber war Freiburg auch Zufluchtsort für Verfolgte, die freiheitlichen Gedanken und dem Humanismus nachgingen - nomen est omen.
Daran hat sich bis auf den heutigen Tag gottlob nicht viel geändert. Aus den Trümmern zweier Weltkriege wieder auferstanden wie Phönix aus der Asche, schlägt in Freiburg heute das grüne Herz der Republik. Hier soll es dem Vernehmen nach mehr Fahrräder als Einwohner geben – bei zigtausend Studenten kein wirkliches Wunder. Hier wurde 1984 die erste Umweltkarte Deutschlands eingeführt, die das Umsteigen auf öffentliche Verkehrsmittel belohnte. Weil hier die Sonne besonders häufig scheint, die sonnenreichste Stadt Deutschlands, natürlich, ist die nationale Solarenergie in Freiburg zu Hause, wird Strom und Wärme im Fußballstadion des SC Finke Freiburg von riesigen Solarkollektoren erzeugt, und natürlich sitzt der erste – und bislang einzige – Oberbürgermeister einer grünen Partei im Freiburger Rathaus, direkt am Münster.

Münster und Altstadt

Auf dem Münsterplatz spielt sich ein Gutteil des Lebens ab. Auf den Wochenmärkten bieten eine Vielzahl von Bauern aus der näheren und weiteren Umgebung ihre Waren aus Feldern, Wiesen und Wäldern zum Kauf an. Nicht nur Hausfrauen und –männer bedienen sich gerne am reichhaltigen Angebot. Auch und gerade Köche von Rang, die hier gottlob in ebenso reichem Maße zu finden sind, greifen auf den Märkten der Stadt zu. Oftmals sind Lebensmittel aus kontrolliert biologischem Anbau darunter, die rund um den Grüngürtel Freiburgs eine feste Heimat gefunden haben. Womit wir vor den Toren der Stadt angelangt sind. So attraktiv und liebenswert Freiburg selbst ist, so überaus reizvoll ist seine unmittelbare Umgebung. Im Westen liegt der Kaiser-

stuhl, im Süden erstreckt sich das Markgräfler Land und in südöstlicher Richtung weitet sich der südliche Schwarzwald, und damit eine der schönsten Kulturlandschaften Deutschlands überhaupt, aus. Kräuterreiche Bergwiesen wechseln sich mit Mischwäldern ab, und das strukturreiche Mosaik der Landschaft öffnet sich für kleine Weiler und die typischen Schwarzwaldhöfe. Ohne die Bewirtschaftung durch die Bergbauern könnte diese Vielfalt für die Gegenwart und Zukunft nicht erhalten bleiben. Die durch eine extensive Weidewirtschaft geprägten, meist unbewaldeten Höhenregionen längs der Schauinslandstraße, auf dem Belchen und dem Feldberg, die durch Gletscher abgerundet wurden, sind heute beliebte Ausflugsziele. Zu deren Schutz wur-

de Ende der 90er Jahre, der mit dreihundertzwanzigtausend Hektar größte Naturpark Deutschlands geschaffen. Eine Kooperation Südschwarzwälder Wirte hat es sich zur Aufgabe gemacht, Landwirte und Bergbauern der Region durch Abnahme ihrer hochwertigen Qualitätsprodukte zu unterstützen – unabhängig davon, ob es sich um Fleisch Hinterwälder Rinder handelt, um Eier von freilaufenden Hühnern oder Käse aus der Käserei. Viele von ihnen finden Sie auf den nachfolgenden Seiten.

Wieden

St. Trudport

St. Blasien

Fasnet in St. Blasien

St. Peter Basilika

Todtnau

Bauernhaus im Südschwarzwald

COLOMBI HOTEL

Colombi Hotel
Familie Waltraud und Roland Burtsche

Am Colombi Park
D-79098 Freiburg

Telefon: 00 49 (0) 7 61/2 10 60
Telefax: 00 49 (0) 7 61/3 14 10

Ein Hotel kann das Heim nicht wirklich ersetzen. Ein gutes Hotel jedoch, das nach Vollkommenheit strebt, vermag das Gefühl zu vermitteln, vielleicht nicht daheim, aber dennoch zu Hause zu sein. Nicht mehr und nicht weniger will Freiburgs erstes Haus am Platze für seine Gäste sein: das Colombi von Waltraud und Roland Burtsche. Deutschlands „Hotel des Jahres 2001", gekürt durch den Aral Hotelführer, verteidigt den Ruf zu den besten Herbergen zwischen Flensburg und Mittenwald zu zählen mit Fleiß, Akribie und einem nicht ermüden wollenden persönlichen Einsatz aller Mitarbeiter. Neben regelmäßigen und nicht zu

geringen Investitionen in die hohen Standards eines Fünf-Sterne-Hauses zählt der unaufdringlich herzliche Service zu den Pluspunkten einer Herberge, die ihren Charme nicht aus überbordendem und protzigem Luxus bezieht, sondern aus der geschmackvollen, stilsicheren und für das Haus unverwechselbaren Ausgestaltung der Restaurationen sowie sämtlicher Hotelzimmer und Suiten.
Die heitere Mentalität Freiburgs und seiner Menschen hat in den Wänden des Colombi eine Heimat gefunden.
Die Anfänge waren indes alles andere als einfach. Nach dem Kauf des Hauses 1978

Muskateller Traubensuppe mit Weinschaum-Eis

Zutaten

Für die Suppe:
100 ml weißer Traubensaft,
100 ml Champagner,
300 ml Muskateller Spätlese,
50 g Läuterzucker
(bestehend aus 25 g Zucker in
25 g Wasser gekocht),
2 Blatt Gelantine, Zitrone,
Muskateller Trester
Für das Weinschaum-Eis:
1,2 l Muskateller, 340 g Zucker,
400 g Butter, 6 Eigelb

Zubereitung

Gelantine in wenig kaltem Wasser
einweichen; Traubensaft, Champagner,
Muskateller und Läuterzucker mischen; davon etwas leicht erwärmen,
die Gelantine darin auflösen und zur
restlichen Mischung geben; mit
Zitronensaft und Muskateller abschmecken; vor dem Servieren mit
dem Mixer aufschlagen und etwas
Chamapgner hinzufügen.
Für das Eis den Wein mit dem Zucker
auf 60° erhitzen; mit einem Pürierstab
die Butter untermixen und weiter auf
80° erhitzen; beiseite stellen und die
Eigelbe ca. 8 Min. untermixen; über
Nacht in den Kühlschrank stellen;
die gelierte Suppe in einen kalten tiefen Teller gießen, die abgezogenen
Trauben als Garnitur darauf setzen
und zum Schluss das Weinschaum-Eis.
Tipp: Als Einlage Muskateller Trauben
verwenden!

---

durch Roland Burtsche verschwanden sukzessive Relikte und nicht mehr zeitgemäße
Spuren aus zwei Jahrzehnten seit der Gründung aus dem Colombi. Heute präsentiert
sich das Hotel nicht nur für Stammgäste
wie Sir Peter Ustinov als Schmuckkästchen,
und die Restaurationen, von denen die aus
dem 18. Jahrhundert stammende, noch
komplett erhaltene Hans-Thoma-Stube
sowie die gleichfalls original holzvertäfelte
Falkenstube beispielhaft erwähnt seien, als
Paradies für Feinschmecker. Großen Anteil
am Erfolg trägt Alfred Klink, der Küchen-
direktor des Colombi und einer der nationa-
len Spitzenköche schlechthin.
Der Michelin, der Klink Jahr für Jahr einen
Stern verleiht, sowie der Gault Millau loben
den geglückten Spagat zwischen bodenstän-
dig badischer Küche und jener für Gourmets

mit gehobenen Ansprüchen. Gastro-Kritiker
Wolfram Siebeck („So gepflegt, so delikat zu
so normalen Preisen kann ich fast nirgendwo essen") meint, Klink habe eine Formel
gefunden, die die Ästhetik mit dem Fort-
schritt und den Traditionen verbindet. Seine
Erzeugerbetriebe kennt der Maître seit Jahren: Lamm aus Opfingen, Ziegen aus Merz-
hausen und Kalb aus Horben. Obst und Gemüse bezieht er alleine der Frische wegen
vom Markt. Zu allen kulinarischen Genüssen
gesellt sich eine Weinkarte, die mit vierhun-
dertfünfzig Positionen keine Wünsche offen
lässt. Das Herz von Sommelier Gerhard
Mauerhans schlägt jedoch eindeutig in Baden. Nur zu gerne offeriert er heimische
Tropfen aus seinem dreißigtausend Flaschen
umfassenden Reich.

HOTEL RESTAURANT „WEINSTUBE OBERKIRCH"

genheit selbst. Diese begann vor weit über 250 Jahren. Ein Mathias Wilhelm gründete im Spätjahr anno 1738 eine Weinwirtschaft. Er hing einen Busch vor die Türe des Hauses Nr. 289 und wartete hemdsärmelig auf die ersten Gäste, überliefert die Chronik. Fast genau einhundert Jahre verbleibt die florierende Wirtschaft in der Familie, bevor sie für weitere knapp einhundert Jahre lang von der Familie Hummel geführt wird. Heute ist es das „Oberkirch", das im gastronomischen und kulinarischen Werben um Gäste den guten Ton am Münsterplatz angibt. 15 Jahre nach dem Erwerb des Hauses, anno 1936, eröffnen Karl und Elise Oberkirch das Hotel im „Oberkirch". Zukäufe und Erweiterungen haben das Haus inzwischen zu einer der gefragtesten Adresse in Freiburg werden lassen. Aus der einstigen Buschwirtschaft ist längst ein florierender Hotel- und Restaurantbetrieb geworden, der damals wie heute von Menschen genossen wird, die gutes Essen, feinste Tropfen und die für die Region sprichwörtliche Gastfreundschaft zu schätzen wissen.

Das „Oberkirch" wie die Freiburger das ehrwürdige Haus direkt am Münsterplatz liebevoll nennen, gehört zu der Stadt wie der Wein zum Markgräfler Land. Beides ist untrennbar miteinander verbunden, das eine ohne das andere kaum vorstellbar. Nichts spiegelt die Entwicklung Freiburgs zur Breisgaumetropole und die der einst einfachen „Buschwirtschaft" zum traditionsreichen Haus am Platze besser wider als das „Oberkirch" und seine bewegte Vergan-

Seit 1998 führen nun Doris Hunn gemeinsam mit Gudrun Jobner die lange Tradition des Hauses erfolgreich fort. An der Gemütlichkeit und gediegenen Eleganz hat sich in den Restaurationen und den gleichermaßen anspruchsvollen wie komfortablen Gästezimmern nichts geändert. Wie damals ist

Hotel Restaurant
„Weinstube Oberkirch"
Doris Hunn

Münsterplatz 22
und Schusterstraße 11
D-79098 Freiburg

Telefon: 00 49 (0) 761 / 2 02 68 68
Telefax: 00 49 (0) 761 / 2 02 68 69

Ruhetag im Restaurant: Sonntag

Seezungenfilets mit Lachsmus gefüllt in Krebsrahmsauce
Für 4 Personen

Zutaten

2 Seezungenfilets (400-600 g),
200 g Lachsfilet, 200 g Sahne,
100 g geriebenes Weißbrot,
2 cl trockener Wermut,
Saft einer 1/2 Zitrone,
100 g geschlagene Sahne,
Salz, 1 Schuss Worchestersauce
Für die Sauce: 60 g Butter,
20 g Schalotten, 2 cl Wermut,
300 ml Fischfond, 80 ml Sahne,
40 g Krebsbutter,
Saft einer 1/2 Zitrone,
Salz, Pfeffer

Zubereitung

Seezungen die Haut abziehen und
filieren, salzen und mit Zitrone beträufeln, abdecken; Lachsfilet mit
Weißbrot und Sahne im Mixer zerkleinern; Masse durch ein Sieb streichen,
Gewürze dazugeben und geschlagene
Sahne unterheben; in einen Spritzsack
geben und kühlen; Seezungenkarkas-
sen mit Schalotten in Butter anziehen,
Wermut und Fischfond dazugeben und
einkochen; Sahne und gekühlte Krebsbutter bis zur gew. Konsistenz unterrühren; mit Salz, Pfeffer und Zitronensaft abschmecken; durch ein Sieb
streichen und warm stellen; Fischfilets
mit der Hautseite nach innen zu
Schleifen drehen, in eine ausgebutter-
te Auflaufform setzen, das Lachsmus
in die Schleifen einspritzen; etwas
Weißwein oder Fischfond angießen,
mit gebuttertem Pergamentpapier abdecken; bei 180 ° Ober- und Unter-
hitze in vorgeheiztem Backofen
ca. 10 Min. dämpfen.
Dazu passen Blattspinat und Butter-
nudeln.

das „Oberkirch" Treffpunkt für Jung und Alt,
für Geschäftsleute, Besucher und Honora-
tioren der Stadt.

Sie genießen die kulinarische Spezialitäten
von Küchenchef Armando Noiosi, dessen
Einkäufe sich an den saisonalen Produkten
aus der Region orientieren. Im Frühjahr finden sich folgerichtig frische Spargelgerichte,
im Herbst Zubereitungen vom Wild auf der
Speisenkarte des Hauses wieder. Wer an
Nachmittagen Hunger verspürt, wird auf

einer Vesperkarte fündig. Der Tradition des
„Oberkirch" als einstige Weinschänke verpflichtet, bietet die ausgesprochene umfang-
reiche Weinkarte schöne Tropfen aus dem
Markgräfler Land. Auch eigen angebaute
Weine werden im badischen Viertele oder
als Flaschenweine kredenzt.

Neben Restaurant und Weinstube stehen
zudem Räumlichkeiten für geschäftliche
Besprechungen und Familienfeste zur Verfügung.

RESTAURANT „ZUR TRAUBE"

Kochkünste der Haubenträger im Südwesten der Republik beäugen. Seit 2002 trägt der jüngste Sternekoch der Republik, der zur Jahrhundertwende und 25-jährig erste Meriten erlangte, die Verantwortung für das, was in der „Traube" auf die Teller kommt. Zum gleichen Zeitpunkt erwarb die Chefin des „Oberkirch", Doris Hunn, das Paradies für Feinschmecker. Damit schließt sich ein Kreis nachbarschaftlicher Koexistenz, die vor langer Zeit unter ungewöhnlichen Umständen und in ungewöhnlicher Form ihren Anfang nahm.

Am 1. Oktober 1935 übernimmt Erwin Hahnemann das Ruder in der „Traube". Der Elsässer, zuvor bereits im „Merkur" in Baden-Baden aktiv und erfolgreich, macht das Restaurant zu dem, was es heute noch ist: zum erstklassigen Speiselokal für besondere Anlässe.

Eine erstmals konstruktive Zusammenarbeit von „Traube" und „Oberkirch" steht allerdings unter einem wenig günstigen Stern. Die Bombardierung Freiburgs im November 1944 zieht unter anderem auch das „Haus Rappen", in dem die „Traube" residiert, in arge Mitleidenschaft. Der Dachstuhl brennt und kann nur mit Wein aus dem Keller des Hauses von Karl Oberkirch gelöscht werden – weil die Wasserleitungen zerstört sind. Die „Traube" entwickelte sich – damals wie heute – zum kulinarischen Treffpunkt für Bürger und Künstler, für die zahlreichen Professoren der örtlichen Universität und natürlich auch für die vielen auswärtigen Besucher. Glanzvolle Gesellschaften finden in dem erst nach der Währungsreform wieder eröffneten Restaurant statt, und allerhand Prominente geben sich in der „Traube" die Klinke in die Hand. Theodor Heuss, erster Bundespräsident der noch jungen Republik, zählt ebenso zu den begeisterten Gästen wie Pastor Martin Niemöller, Geistesgröße Jean-Paul Sartre und der Maler Oskar Kokoschka.

Den überzeugenden Überlieferungen nach genossen sie die Intimität der heute auf acht Tische verkleinerten Gaststube, deren grüne Holzvertäfelung so charakteristisch

Restaurant „Zur Traube"
Doris Hunn

Schusterstraße 17
D-79098 Freiburg

Telefon: 00 49 (0) 761/3 21 90
Telefax: 00 49 (0) 761/2 63 13

Ruhetage: Dienstag und Mittwoch

𝔉ür Freiburgs Sterneköche hängen die Trauben hoch, nicht zuletzt seitdem Sven Messerschmidt in seiner jüngsten Wirkungsstätte, dem Restaurant „Zur Traube", einen Michelin-Stern erkochte. Auszeichnungen sind in der wechselvollen Geschichte der „Traube" keine Seltenheit, in jungen Tagen aber besonders wertvoll, seitdem die Tester des Gourmetführers besonders kritisch die

Kalbsbriescanneloni mit gebratenen Jacobsmuscheln und Steinpilzen
Für 4 Personen

Zutaten

400 g Kalbsbries, 1 Schalotte,
$1/2$ Zitrone, Lorbeer, Piment,
weißer Pfeffer, Salz
200 g Steinpilze, 1 Schalotte,
200 ml geb. Kalbsfond, 100 ml Sahne,
1 El Butter, 1 El gehackte Petersilie,
8 Jacobsmuscheln
Für den Teig: 3 Eier, 2 Eigelb,
350 g Mehl, 150 g Weizengrieß,
Olivenöl, Salz

Zubereitung

Mehl, Weizengrieß, Eier, Eigelb, Olivenöl, Wasser und Salz mit Rühr-
maschine zu einem Teig verarbeiten;
in Frischhaltefolie einwickeln und
im Kühlschrank mind. 12 Std. ruhen
lassen;
Kalbsbries gut wässern, von Haut und
Gerinseln befreien, mit obigen Zutaten
ca. 10 Min. pochieren und vollständig
auskühlen;
Nudelteig dünn ausrollen und auf
Quadrate schneiden (8 x 8 cm), in
Salzwasser ca. 5 Min. kochen, auf ein
gefettetes Blech legen; Kalbsbries und
die Hälfte der geputzten Steinpilze in
dünne Streifen schneiden, in Pflanzen-
öl anbraten, mit Kalbsfond und Sahne
ablöschen, auf die Hälfte reduzieren;
mit Salz, Pfeffer und gehackter Petersilie abschmecken, auf ein Sieb geben;
Jacobsmuscheln und restliche Steinpilze in Butter mit Schalottenwürfel
anbraten; Kalbsbries-Steinpilzmasse
auf Nudelblätter verteilen, aufrollen
und auf angebratenen Steinpilzen
anrichten, mit halbierten Muscheln
umlegen.

ist. Ein prachtvoller mittelalterlicher Kachelofen wärmt schon beim Anblick, obschon
sein Feuer seit über 60 Jahren nicht mehr
angezündet wird. Dafür lodert der gastronomische Ehrgeiz in Küche und Service.

Neben den Kreationen aus der Küche sorgt
Mandy Messerschmidt und ihr Team mit
Charme und unaufdringlicher Aufmerksamkeit für einen unvergesslichen Aufenthalt in der „Traube".

RINGLIHOF

Ringlihof

Otto und Barbara Rees

Katzental 3
D-79289 Horben

Telefon: 00 49 (0) 761 / 2 95 83
Telefax: 00 49 (0) 761 / 2 90 71 90

Betriebsferien: 1. bis 31. Januar

Von Au aus weist ein Schild in die Ortschaft Horben. Stetig schlängelt sich die schmale Straße durch herrlich duftende Wälder hinauf in die Höhen südlich der Breisgaumetropole Freiburg. Inmitten saftiger Wiesen und der satten Landschaft des südlichen Schwarzwaldes bewirtschaften Otto und Barbara den Ringlihof.
Über 300 Jahre alt ist das stolze Anwesen, und seit mehr als 250 Jahren trägt die Familie Rees die Verantwortung dafür, dass Fruchtbares aus dem wird, was die Natur hier in so reichem Maße bietet. Eines hat sich über die Jahrhunderte allerdings nicht, oder nur kaum verändert: Hart muss arbeiten, wer in der Landwirtschaft und der Vermarktung seiner Produkte Erfolg haben will. Den Machern des Ringlihofes ist dies in eindrucksvoller Manier gelungen. Wie? Das lesen Sie hier.
Wie in jedem gesunden Wirtschaftsbetrieb waren die Anfänge eher bescheiden: 1990

haben die Rees in Crailsheim ihre ersten Ziegen erworben, 10 an der Zahl. Deren Zahl hat sich bis heute vervielfacht. 140 Milchziegen – die Nachzucht ist darin noch nicht enthalten – stehen auf den Wiesen und in den großzügigen Stallungen des Ringlihofes. Hier finden die Tiere auf den saftigen Weiden, gespickt mit frischen Kräutern, beste Voraussetzungen und liefern die natürlichen Grundlagen für die Produkte, deren Vielfalt und Qualität Verbraucher aus Nah und Fern schätzen.

Erst produzierten die Rees' Ziegenkäse in geringem Umfang. Geschmack und Qualität überzeugten die Menschen jedoch schnell. So entschloss sich die Familie, weiter in den Hof und die Ziegen zu investieren und errichtete 1995 eine eigene Käserei. Heute ist der Ringlihof ohne seine Ziegen nicht mehr vorstellbar. Mittlerweile kommen zahlreiche Feriengäste aus dem gesamten Bundesgebiet und dem europäischen Ausland, um sich von der wohltuenden, weil intakten bäuerlichen Atmosphäre und den landschaftlichen Reizen inspirieren zu lassen: Ziegenkäse in all seinen Facetten natürlich inklusive.

Zweimal am Tag werden die Ziegen gemolken. Das bedeutet Schwerstarbeit für die Rees' und ihre Helfer am Hof – jeden Morgen und jeden Abend, ohne Ausnahme. Aus den vielen Litern Ziegenmilch, die in die Eimer der Melker fließen, werden in schonender Handarbeit und unter Verzicht künstlicher Zusätze und anderer industrieller Hilfsstoffe frische, schmackhafte Käsesorten hergestellt. Regelmäßige Prüfungen und Qualitätskontrollen garantieren ein wertvolles Naturprodukt, das insbesondere für Allergiker geeignet ist.

Fünfmal in der Woche steht das „Käsen" auf der Tagesordnung. Uneingeschränkte Herrscherin in der Käserei ist Barbara Rees. Sie bietet die Gewähr für eine Palette an hochwertigen Ziegenmilchprodukten, die in dieser Breite und Dichte ziemlich einmalig sein dürfte und die Rücksicht nimmt auf die saisonalen Geschenke von Mutter Natur. Den unverfälschten Ziegenkäse gibt es von Februar bis Weihnachten, auch angereichert mit frischen Kräutern. Im Frühling kommt der Bärlauch-Frischkäse auf die Karte. Den wilden Knoblauch pflückt Otto Rees in den umliegenden Wiesen und Wäldern. Im Winter wird frisch geriebener Meerrettich unter den Frischkäse gegeben.

Daneben bieten die Rees' Ziegenjoghurt und -quark, Rohmilchschnittkäse sowie Ziegenmilch pur: eine Delikatesse, nicht nur für Freunde eines ungetrübten Milchgenusses zu empfehlen. Je nach Saison geben die Käsemacher vom Ringlihof Ziegenfleisch an

einen heimischen Metzger, der daraus Würste und Salamis fertigt, die wie alle anderen Produkte auch dienstags und freitags von 15 bis 18 Uhr direkt vom Hof und auf

Märkten verkauft werden. So zum Beispiel mittwochs von 14 bis 18.30 Uhr auf dem Wiehremer Bauernmarkt am alten Bahnhof und freitags von 8 bis 13 Uhr auf dem Kirchzartener Wochenmarkt beim Rathaus. Auf besondere Anfrage hin und von März bis August hält die Familie Rees dort frisches Zickleinfleisch bereit.

ZÄHRINGER HOF

präsentiert sich genauso ein Hof, der seine Gäste und Besucher dank seiner massiven Bauweise und der ihn umgebenen Natur unwiderstehlich in den Bann zieht. Es ist der „Zähringer Hof" der Familie Riesterer. Auf über 1070 Höhenmetern zelebriert Chef Christoph Riesterer eine frische und einfache Küche, die ohne großen Schnickschnack daherkommt und deshalb Synonym für die Lage des Hauses selbst ist.

Hier, wo man in gesunder Natur und fernab jeglichen Trubels lebt, legt man auch großen Wert auf gesundes Essen. Die Zutaten für seine Küche bezieht Christoph Riesterer in erster Linie von Selbstvermarktern aus der Region. Lamm, Gitzi und Fleisch vom Rind, Kalb und Schwein besorgt er sich von einem Landmetzger, der noch selbst schlachtet. Zweimal in der Woche schaut sich der Küchenchef zudem auf den Freiburger Bauern- und Großmärkten um. Nur zu gerne lässt er sich von dort frische Landbutter und im Sommer auch Buttermilch ins Haus bringen. Wie auf einem ehedem landwirtschaftlichen Hof üblich, packt auf dem „Zähringer Hof" jedermann mit an. Frau Riesterer kümmert sich neben dem Service um das Backen selbstgemachter Kuchen. Ihr Schwiegervater sammelt auf seinen Frühlingswanderungen durch Wiese und Wald frischen Bärlauch, im Sommer und Herbst wandern wilder Thymian und Preiselbeeren in den Korb. Daran lässt sich erkennen, dass in Stohren

Zähringer Hof
Familie Riesterer

Stohren 10
D-79244 Münstertal

Telefon: 00 49 (0) 76 02/2 56
Telefax: 00 49 (0) 76 02/6 85

Ruhetage: Montag ab 14 Uhr und Dienstag

Der Weg ist das Ziel, und jeder Weg der dorthin führt, lohnt sich. Das ist im Falle des „Zähringer Hof" im Münstertal nicht anders. Allein die Fahrt durch das lang gestreckte Münstertal, oder alternativ über die Schauinslandstraße, hält wunderschöne Ausblicke durch eine für den Schwarzwald typische Landschaft mit sattgrünen sanft ansteigenden Wiesen und alten Schwarzwaldhöfen bereit.

Am Ziel im Ortsteil Stohren angekommen,

Wildschweinschnitzel mit Rahmwirsing und Rosmarinkartoffeln
Für 4 Personen

Zutaten

720 g Wildschweinrücken,
3 El Butterschmalz,
3 El Mehl,
2 harte Brötchen,
2 Bd. Rosmarin,
1 Ei,
8 mittelgroße Kartoffeln,
Olivenöl,
1 Kopf Wirsing,
0,2 l Fleischbrühe,
Speck, klein geschnitten,
1 Zwiebel,
Sahne,
Salz, Pfeffer aus der Mühle

Zubereitung

saisonale Gerichte den guten Ton auf der Speisenkarte angeben. So landen neben Maiböcken und Gämsen auch Wildschweine aus der Kloster- und Belchenjagd in der Küche Christoph Riesterers, nur um wenig später zu schmackhaften Wildgerichten weiterverarbeitet zu werden. Aus ihrem Fleisch lässt er bei seinem Metzger zudem eigene Würste machen. Handgemacht sind außerdem die Teigwaren. Nudeln, gerne mit Bärlauch angereichert, und Wildravioli gehören zu den Spezialitäten aus der Küche des „Zähringer Hof".

Gesegnet mit einem Blick aus den großen Panoramascheiben der heimeligen Gaststube über das Münstertal hinweg, gelingt es den vielen Gästen des „Zähringer Hof" mühelos, bei köstlichen Speisen und erlesenen Weinen aus regionalem und überwiegend ökologischem Anbau namhafter Weingüter die Seele baumeln zu lassen. „Meine Gäste genießen vor allem die Ruhe und Abgeschiedenheit unseres Hofes und die erstklassige Küche", bestätigt Christoph Riesterer den ersten Eindruck. Komfortable Gästezimmer und Appartements verführen dazu, den Aufenthalt fernab des Alltags zu verlängern.

Brötchen zu Brösel reiben, Rosmarin waschen und trocken tupfen, die Blättchen abzupfen; Brösel und die Hälfte Rosmarin fein zerkleinern; Wildschweinrücken in 90 g schwere Scheiben schneiden und dünn klopfen, salzen und pfeffern, in Mehl wälzen, mit Ei und dann Rosmarin panieren; Wirsing vierteln, Strunk herausschneiden und in schmale Streifen schneiden; Kartoffeln waschen, schälen, achteln und bei schwacher Hitze in Olivenöl goldgelb braten, mit Salz und restlichem Rosmarin würzen; Wirsing mit Speck und einer gewürfelten Zwiebel in Butter andünsten, Fleischbrühe zugeben und mit Sahne weich dünsten; Schnitzel in Butterschmalz knusprig anbraten und anrichten. Dazu passen Preiselbeeren.

BERGHOTEL „WIEDENER ECK"

Berghotel „Wiedener Eck"
Familie Martin und Maria Wissler

D-79695 Wieden/
Naturpark Südlicher Schwarzwald

Telefon: 00 49 (0) 76 73 / 90 90
Telefax: 00 49 (0) 76 73 / 10 09

Inmitten des Naturpark Südlicher Schwarzwald und exakt auf der Passhöhe von Wie-
sen- und Münstertal steht das Hotel Wiedener Eck der Familie Wissler. Es ist im Laufe
seiner nun über 100-jährigen Geschichte
vom einst schlichten Rasthaus zu einem
schmucken Vier-Sterne-Domizil avanciert,
in der die Familie Wissler im Zuge dreier
Generationen die Entwicklung des Hauses
nachhaltig prägte und zu dem machte, was
es heute darstellt: ein Ferienhotel mit allen
sportiven wie entspannenden Annehmlichkeiten, inmitten nahezu unberührter Natur

und daraus erwachsenen Freizeitangeboten.
Dass bei allen Aktivitäten in- und außerhalb des Hauses die kulinarische Kompo-
nente nicht zu kurz kommt, dafür sorgen
Küchenmeister und Hotelbetriebswirt Martin
Wissler mit Gattin Maria.
Einst galt dem Opernsänger Franz Fix die
Befriedung körperlicher Genüsse als haupt-
sächliche Motivation zum Bau des Rast-
hauses zum Wiedener Eck. Nach einer Nacht-
wanderung über den Schauinsland saß der
am Freiburger Theater engagierte Sänger
mit Freunden auf Baumstämmen in über

1000 Meter Höhe und blickte in die aufsteigende Sonne des Wiedener Tals. Derart berührt fasste der Künstler den Entschluss, genau hier ein Gasthaus zu errichten. Man schrieb das Jahr 1896. Fünf Jahre später war das Werk vollbracht.

Neben Gästen aus der Umgebung pilgerten bereits unmittelbar nach der Jahrhundertwende zahlreiche Erholungssuchende aus den Großstädten des Kaiserreiches auf das Wiedener Eck. Der Fuhrmann holte die Bahnreisenden damals mit dem Bernerwägeli in Staufen ab. Die Vollpension kostete 5 Reichsmark.

Seit 1935 gehört das Wiedener Eck, zumindest gastronomisch betrachtet, der Familie Wissler. Im Juni eröffneten Wilhelmine und Eduard den Betrieb. 30 Jahre später leitet ihr Sohn Egon die Geschicke des Hauses. Der Vollbluthotelier und seine Frau Ursula verstehen es in der Folge, das „Wiedener Eck" zu einem der renommiertesten Häuser

des Südschwarzwaldes auszubauen. Nicht nur in dieser Tradition, nämlich auf Bestehendem aufzubauen und es mit modernen Erkenntnissen persönlich und individuell auszugestalten, ist sich die Familie bis heute treu geblieben.

Ob Stipvisite, Kurzurlaub oder Familienferien: Im Berghotel findet der Gast und Gourmet kulinarische Köstlichkeiten aus der Badischen Küche, sinnvoll und geschmacklich bereichert durch Einflüsse aus dem Elsass und der Schweiz. Persönlich ist neben dem Service von Hotelleitung und Mitarbeitern, auch die Küchenleistung: „Hier bin ich Koch, hier darf ich's sein", gesteht Martin Wissler sich selbst und seinen Gästen zu, die mehr als nur einen Blick in das Reich des Küchenmeisters werfen dürfen – wenn sie es denn möchten. Die Produkte für die Küche kommen aus der Region und das Wild frisch aus der eigenen Jagd.

Hinterwälder Milchkalbsbriesle mit Pfifferlingen
Für 4 Personen

Zutaten

800 g Milchkalbsbriesle,
1 Zwiebel,
1 Lorbeerblatt,
4 Nelken,
600 g Pfifferlinge,
2 Eier, 6 El Butter,
Salz und Pfeffer
Für die Sauce:
1/8 l Spätburgunder,
1/8 l Bratensauce,
1 Schalotte,
1 Estragonzweig,
1 Bd. Petersilie,
1 El gehackte Schalotten

Zubereitung

Kalbsbries in gesalzenem Wasser mit Lorbeer, Nelken und Schalotte ca. 12 Min. köcheln. Im Wasser beiseite stellen und auskühlen lassen; Pfifferlinge putzen und bereitstellen; Eier verrühren, salzen und pfeffern; Bries parieren, in gleichmäßige Scheiben schneiden, in Ei wenden und in einer Pfanne goldgelb ausbacken;
Sauce: Die gehackten Schalotten samt Estragonzweig in Spätburgunder reduzieren und mit der Bratensauce auffüllen; das Bries aus der Pfanne nehmen, die Sauce ins Bratfett geben und den restlichen Spätburgunder dazugeben – kräftig durchkochen; Pfifferlinge in eine Pfanne mit heißer Butter geben, einen El gehackte Schalotten dazu und durchschwenken. Salzen, pfeffern und gehackte Petersilie dazu; Bries auf Sauce und Pfifferlingen anrichten; dazu breite Butternüdele.

131

PARKHOTEL „WALDECK"

Rahmen begann, hat sich über die Nachfahren der Familie bis zur Neuzeit zu einem florierenden Hotel- und Gastronomieunternehmen im Herzen Titisees und des gesamten südlichen Schwarzwaldes gemausert. Aus dem Hotel, das ursprünglich 35 Betten für Erholungssuchende bereit hielt und dessen Stammhaus heute im Zentrum des Gebäudekomplexes Anlaufstelle für Gäste ist, sind Übernachtungsmöglichkeiten für 150 Personen erwachsen. Schrittweise Zukäufe und Anbauten haben dieses Wachstum ermöglicht.

Neben allen Komfort, den der Gast im Beherbergungsbereich des Vier-Sterne-Hauses erwarten darf, verdienen insbesondere die gastronomischen Leistungen aus der Küche von Küchenchef Ingo Wordtmann große Aufmerksamkeit. Längst hat man sich im Parkhotel Waldeck auf die geänderten Essgewohnheiten von Urlaubern und Bevölkerung eingerichtet. Entsprechend dominieren leichte und frisch zubereitete Gerichte den Speiseplan. Fische aus den Weltmeeren, in Straßburg eingekauft und in allen Spielarten des Metiers zubereitet, bilden ebenso wie vegetarische Gerichte einen schmackhaften Schwerpunkt, eines auf die Bekömmlichkeit der Speisen zugeschnittenen Angebotes, das sich zudem an saisonalen Produkten aus der Region orientiert. Will heißen: Im Frühjahr wird Badens weißes Gold, der Spargel, auf Karte und Tellern platziert; im Herbst erobern Wildschwein, Hirsch und Hase aus heimischen Wäldern und Wiesen die Karte von Ingo Wordtmann. Frisches Gemüse und Salate sind dort ganzjährig zu finden.

Den Ansprüchen des Klientel entsprechend, setzen die Macher des Parkhotel überdies auf die klassische internationale Küche, in der das Wiener Schnitzel ebenso zu Hause ist wie andere renommierte Gerichte von Schwein, Kalb und Rind. Angenehm fällt auf, dass in den Restaurationen nach guter Väter Sitte noch am Gast gearbeitet wird. „Das sind wir unseren eigenen Ansprüchen schuldig", bestätigt Hans-Jörg Franz. So wird am Tisch flambiert und das Chateau-

Parkhotel „Waldeck"
Familie Franz

Parkstraße 4–6
D-79822 Titisee

Telefon: 00 49 (0) 76 51/80 90
Telefax: 00 49 (0) 76 51/8 09 99

Wer die landschaftlichen Reize der Höhenlagen im südlichen Schwarzwald genießen möchte, kommt an Titisee nicht vorbei. Nicht umsonst pilgern Jahr für Jahr und zu fast jeder Jahreszeit Heerscharen von Besuchern in eine Region, die wohl völlig zu Recht als eine der schönsten in Süddeutschland gepriesen wird. Inmitten der landschaftlichen Segnungen von Mutter Natur und nur einen Steinwurf vom Ortszentrum des liebenswürdigen Ortes entfernt, liegt das Parkhotel Waldeck der Familie Franz. Hans-Jörg Franz führt das Hotel mit seiner Gattin Margot nunmehr in vierter Generation. Was der Urgroßvater einst in kleinem

Lachsforellenterrine mit Frischkäsedip
Für ca. 6 Personen

Zutaten

320 g frischer Lachs,
1 geräucherte Forelle,
400 g Blattspinat;
120 g Zanderfilet, 90 g süße Sahne,
1 El Noilly Prat, 1 Eiweiß,
180 g gekörnter Frischkäse,
Salz, weißer Pfeffer,
frische Kräuter: Kerbel, Dill,
Schnittlauch, Bärlauch,
nach Wunsch Knoblauch

Zubereitung

Lachs in hauchdünne Scheiben auf ein
mit Olivenöl bestrichene Frischhaltefolie legen und kalt stellen; Blattspinat blanchieren, in Eiswasser
abschrecken und auf Küchenkrepp
abtropfen; Zutaten für die Farce gut
vorkühlen; Zanderfilet in Moulinette
zerkleinern, salzen und pfeffern; dann
die süße Sahne, das Eiweiß und Noilly
Prat zugeben und zu einer feinen
Mousse verarbeiten;
3/4 der Farce dünn auf die Lachs-
streifen, restliche Farce auf die Forel-
lenfilets streichen und mit blanchier-
tem Spinat umlegen; dieses auf die
Lachsscheiben legen und vorsichtig
mit der Folie aufrollen, Enden um-
schlagen und ca. 20 Min. in Weiß-
weinsud pochieren; kalt stellen;
Frischkäse zwischenzeitlich mit Löffel
unter Zugabe der Kräuter verrühren,
mit Salz und Pfeffer abschmecken;
Lachsforelle vor dem Servieren in
Scheiben schneiden und mit Frisch-
käsedip anrichten. Dazu passt ein
Frühlings- oder Spargelsalat.

briand vor den Augen der Gäste von gleichermaßen fachkundigen wie freundlichen
Servicekräften tranchiert. Deren Leitung

obliegt Restaurant-Chef Josef Matzenberger,
dessen guter Rat auch bei Fragen zum pas-
senden Wein gefragt ist.

Seit 1989 vertritt der Schutzverband der Schwarzwälder Schinkenhersteller e.V. mit Sitz in Villingen-Schwenningen die Interessen seiner Mitgliedsbetriebe, die rund neunzig Prozent der hergestellten Schwarzwälder Schinken repräsentieren. Die „Tanne im Oval" – das Gütesiegel des Verbandes – kennzeichnet Schwarzwälder Schinken, der höchsten Ansprüchen genügt. Diesen Anspruch durch eine konsequente interne wie auch externe Qualitätspolitik zu sichern und zu halten, sieht der Verband seit seiner Gründung als seine vorrangige Aufgabe.

Schwarzwälder Schinken ist ein geräucherter, roher Schinken, ohne Knochen, der nach traditionellem Verfahren in Manufakturen hergestellt wird, die im Schwarzwald angesiedelt sind. Er gehört zu den europäischen Schinken mit EU-Herkunftsschutz. So darf Schwarzwälder Schinken nur in Produktionsstätten hergestellt werden, die ihren Sitz im Schwarzwald haben.

Verarbeitet werden nur Hinterschinken von Schweinen, die in Bezug auf Haltung, Fütterung und Typ Gewähr für die Spitzenqualität des Endproduktes bieten.

Überlieferte und wohlgehütete Rezepturen machen das Geheimnis des Schwarzwälder Schinkens aus. Die hohe Qualität dieser regionalen Spezialität hängt schon von der Auswahl des Rohproduktes ab. Daher werden die frischen Schinken direkt nach Anlieferung auf ein optimales Fleisch-Fett-Verhältnis und einen optimalen ph-Wert geprüft, bevor sie gemäß den gesetzlichen Bestimmungen zu Schwarzwälder Schinken verarbeitet werden.

Zunächst befreit der Zerleger die Keulen vom Knochen und sorgt für einen sachgerechten Zuschnitt, der auch später schöne Scheiben garantiert. Anschließend werden die Schinken mit einer speziellen Gewürzmischung aus Pökelsalz, Kräutern, Knoblauch, Pfeffer, Koriander und Wacholderbeeren von Hand eingerieben und in Pökelbehälter gelegt. Während dieser Trockenpökelphase nehmen sie den Geschmack von Salz und Gewürzen auf und verlieren Feuchtigkeit. Dadurch bildet sich nach drei

bis vier Tagen die Mutterlake, in der die Schinken je nach Gewicht ca. zwei bis drei Wochen lagern. Anschließend werden sie vom Salz befreit und ruhen nochmals ca. 14 Tage in kühlen Reifekammern.

Jetzt folgt die Kalträucherung. Auch hier pflegt man die Tradition.

Die Schinken werden über heimischen Nadelhölzern und Sägemehl aus dem Schwarzwald in Rauchkammern bei ca. 25 Grad C über mehrere Wochen kalt geräuchert. Hier erhalten sie ihren unverwechselbaren Rauchgeschmack und die typische Farbe. Zudem erreicht der Schinken einen garantierten Austrocknungsgrad von mindestens 25 Prozent, ein wesentliches Merkmal des Schwarzwälder Schinkens, sowie ein Wasser-Eiweiß-Verhältnis von 2,2 : 1.

Bis die Schinken jedoch verkaufsfertig sind, dauert es noch einige Zeit. Durch eine Nachreifung von zirka zwei bis drei Wochen in klimatisierten Räumen bei Temperaturen von etwa 15 Grad C entfaltet der Schwarzwälder Schinken sein volles Aroma.

Von der Warenannahme bis zur Endverpackung hat der Schinken einen langen Weg zurückgelegt - zirka drei Monate Sorgfalt und Qualitätskontrolle garantieren

dem Kunden einen unverwechselbaren Geschmack nicht nur zur Vesper. Schwarzwälder Schinken ist längst dieser einseitigen klassischen Rolle entwachsen und gilt zunehmend als unverwechselbare und vielseitig zu verwendende Spezialität, die von der Vorspeise bis zum Dessert ihren Einsatz findet.

Schutzverband der
Schwarzwälder
Schinkenhersteller e.V.

Sebastian-Kneipp-Straße 50
D-78048 Villingen-Schwenningen

Telefon: 00 49 (0) 77 21 / 5 10 59
Telefax: 00 49 (0) 77 21 / 10 77

GASTHOF „ESCHE"

Gasthof „Esche"
Josef Fehrenbach

Alpersbach 9
D-79656 Hinterzarten

Telefon: 00 49 (0) 76 52 / 91 94 - 0
Telefax: 00 49 (0) 76 52 / 91 94 - 10

Ruhetag: Mittwoch

$\mathcal{B}$öse Zungen mögen behaupten, der Gasthof „Esche" im Alpersbacher Tal liege am Ende der Welt. Fünf Kilometer vom Zentrum Hinterzartens entfernt, drängt sich nach einer beeindruckenden Fahrt durch die unverfälschte Natur des südlichen Schwarzwaldes vielmehr der Eindruck auf, dass sie hier erst beginne, die Welt des Gastronomen Josef Fehrenbach und seiner vielen Gäste. In fünfter Generation führt der Schwarzwälder das Haus seiner Vorfahren. Bis in das Jahr 1858 lässt sich die Geschichte des heutigen Gasthofes Esche zurückverfolgen. Erster Besitzer des damaligen „Urbanshof" ist der Ururgroßvater von Josef Fehrenbach, Johann. Aus dem landwirtschaftlichen Hof entwickelt sich bald ein gastliches Haus, das Wanderer und Ausflügler mit einem natürlichen Angebot an Speisen anlockt. Auch wenn zwischenzeitlich viele Jahre ins Land gegangen sind: An der Prämisse, nur mit dem zu arbeiten, was die Natur in solch reichem Maße unmittelbar vor der Haustüre bereithält, hat sich bis heute nichts geändert. Josef Fehrenbach ist ein Verfechter der schnörkellosen und guten Küche, die in der Region fest verwurzelt ist. Kreativität im ursprünglichen Sinne versteht der Chef des Hauses ausschließlich auf die

Produkte bezogen. Besondere Liebhaberei sind ihm die Kräuter. Bereits während seiner Ausbildung und den darauf folgenden Stationen in erstklassigen Häusern in Süddeutschland und dem Tessin hat sich Josef Fehrenbach intensiv mit dem Garten von „Mutter Natur" beschäftigt. Wildkräuter, die die feine Küche in der „Esche" so einzigartig prägen, sammelt der Patron mit seinen Gästen auf Ausflügen in den umliegenden Wiesen und Wäldern. Löwenzahn, Brennessel, Bärwurz und wilder Thymian landen umgehend in den Körben der Kräutersammler. Schon lange bevor der Bärlauch seinen Siegeszug durch die neuzeitlichen

Kürbiskremsuppe mit Carpaccio vom Schwarzwälder Lamm

Zutaten

1 kleiner Kürbis (ca. 600 g) geschält
und in Würfel geschnitten,
1 Zwiebel
in kleine Würfel geschnitten,
0,5 dl Weißwein,
Saft einer halben Orange,
$^1/_2$ Tl Senf,
0,5 l Gemüsebrühe,
0,1 l Sahne,
50 g Butter,
Salz, Pfeffer, Muskat,
1 Bund glatte Petersilie, grob gehackt,
100 g frische Waldpilze,
30 g Butter,
Geranienenblüten und Bohnenkraut
zum Ausgarnieren

Zubereitung

Werkstätten von Spitzenkräften der Branche angetreten hat, hat der Eschewirt mit dem wilden Knoblauch freudigst experimentiert. Seine neueste Errungenschaft aus dem eigenen Kräutergarten ist der Geisfuß – ein ehedem geächtetes Unkraut!
So viel Hingabe hat ihren Niederschlag gefunden. Feinschmeckermagazine attestieren Josef Fehrenbach hohe Künste, deren

Ergebnisse der Gast in den urgemütlichen, weil holzvertäfelten Gaststuben oder auf der Sonnenterrasse genießt, garniert mit einem unvergleichlichen Panoramablick hinunter ins Alpersbacher Tal. Für Feiern steht eine Festscheune bereit und wer aus dieser Welt partout nicht weichen mag, übernachtet am besten in einem der gleichfalls auf die Harmonie der Natur abgestimmten Gästezimmer.

100 g Lammrücken mit gehacktem Bohnenkraut marinieren und einfrieren. Die Zwiebel in Butter anschwitzen, die Kürbiswürfel hinzugeben, etwas anschwitzen und mit Weißwein, Orangensaft und Gemüsebrühe ablöschen, den Senf hinzufügen. Etwa 10 Min. köcheln lassen und dann mixen. Die Sahne beigeben, mit Salz, Pfeffer, Muskat abschmecken und die glatte Petersilie dazugeben. Die Waldpilze in Butter 3 Min. braten. Lammrücken in hauchdünne Scheiben schneiden.
Die Suppe in vier Suppenteller verteilen, die gebratenen Pilze hinzugeben, die Lammscheiben gefällig auf der Suppe anrichten und mit Geranienblüten und Bohnenkraut ausgarnieren.

LANDGASTHOF „ZUM RÖSSLE"

Landgasthof „Zum Rössle"
Elke und Mathieu Seltz

Dietenbach 1
D-79199 Kirchzarten-Dietenbach

Telefon: 00 49 (0) 76 61/22 40
Telefax: 00 49 (0) 76 61/98 00 22

Ruhetage: Montag und Dienstag

Kirchzarten ist ein mondäner Kurort mit Schwarzwälder Charme. In den Monaten der Hochsaison zeigen sich bisweilen leider auch die Schattenseiten des modernen Tourismus. Dann drängen sich Menschen und Autos dicht an dicht. Ein echter Geheimtipp, um sich von den gelegentlich auftauchenden Strapazen des Urlaubes zu erholen, kann in solchen Momenten Gold wert sein. Hier ist er: der Landgasthof „Zum Rössle" im Kirchzartener Ortsteil Dietenbach. Zwei Minuten mag es dauern, bis sich aus dem Ortszentrum kommend in Dietenbach eine scheinbar völlig andere Welt auftut. Landidylle pur offenbart sich nur wenige hundert Meter abseits der Schnellstraße von und nach Freiburg. Mitten darin befindet sich das „Rössle" von Elke und Martin Seltz. Seit fünf Jahren hat sich das junge Paar dort eine gastronomische Heimat aufgebaut, deren guter Ruf bis heute weit über die engen Grenzen des Ortes hinaus schallt. Das hat zum einen mit der landschaftlich

überaus vorteilhaften Lage der ehemaligen fürstenbergischen Posthalterei aus dem 17. Jahrhundert und allen daraus resultierenden baulichen Reizen eines Landhauses inmitten grüner Wiesen und eines sanft fließenden Baches zu tun; zum anderen mit den kulinarischen Erlebnissen, denen sich der Gast im „Rössle" sicher wähnen darf. Martin Seltz hat sein Handwerk gelernt – sowohl in seiner elsässischen Heimat, wie auch bei Lothar Eiermann oder bei weiter bildenden Aufenthalten in den USA. Entsprechend den gastronomischen Erfahrungen des Maître, spiegeln die Gerichte internationales Flair wider, ohne die Herkunft seiner Ausgangsprodukte zu verbergen. Auf den Tisch kommt, was die Märkte dies- und jenseits der Grenzen anzubieten haben. Denn: „Eingekauft wird ausschließlich dort, wo es beste Produkte gibt", betont der Küchenchef.
Folgerichtig ändert sich das Angebot auf der Speisenkarte alle zwei Wochen. Damit

kann der Rösslewirt auf die saisonalen Spezialitäten besonders schnell reagieren. Fisch ist eines seiner Steckenpferde. Ob Dorade mit Fenchel und Olivengniocchis oder gebratener Zackenbarsch mit Artischocken und Thymiankartoffeln: Man schmeckt, dass der Koch mit allen Wassern der Weltmeere gewaschen ist. Besonders schön ist es, wenn neben allen lukullischen Genüssen, von denen der Weinkeller ebenfalls überraschende Kostproben bereithält, auch noch das Ambiente stimmt.

In der schmucken Bauernstube, die dank ihrer originalgetreuen Holzvertäfelung unter Denkmalschutz steht, lässt sich delikat entspannen. Und in den Sommermonaten ist ein Ausflug in den Wirtsgarten des „Rössle" ein Muss. Unter Apfelbäumen gibt es Kuchen und Vesper. Wer dann nicht mehr nach Hause will, ist in einem der sechs Gästezimmer bestens aufgehoben.

Zwetschgen „Rössle"

Zutaten für ein Einmachglas von 2 l

1200 g Zwetschgen, gewaschen, halbiert, entsteint, unbehandelte Schalen von je $1/2$ Orange und Zitrone, 600 g Zucker, 1 Vanilleschote, 1 Zimtstange, 2 Gewürznelken, 1 Scheibe Ingwer, 1 Stern Anis, 10 cl Zwetschgenwasser, 400 ml Rotwein, 200 ml Portwein

Zubereitung

Das Einmachglas auf ein nasses Tuch stellen und mit kochend heißem Wasser ausspülen; Zwetschgen, Orangen- und Zitronenschale einschichten; Rot- und Portwein mit Zucker und Gewürzen ca. 3 Min. kochen lassen; abkühlen lassen und Zwetschgenwasser dazugeben und alles über die Zwetschgen gießen; das Glas verschließen und den Sud 15 bis 20 Min. bei 80° im Wasserbad erhitzen.

Crème brulée

Zutaten

$1^1/4$ l Milch,
1 Vanilleschote,
6 Eigelb,
200 g Zucker,
$1/2$ l Sahne,
brauner Zucker

Zubereitung

Milch und aufgekratzte Vanilleschote aufkochen, Eigelb und Zucker schaumig schlagen, beides miteinander vermengen, Sahne dazugeben und ruhen lassen, so dass sich der Schaum senken kann; in Suppentassen füllen, bei 90° im Ofen 3 Std. garen; abkühlen lassen, braunen Zucker mit einem Bunsenbrenner karamellisieren und bestreuen.

HOTEL RESTAURANT „ZUR SONNE"

Wer in die kleine Ortschaft St. Peter kommt, tut dies meist aus zwei Gründen, wobei die landschaftlichen Reize des Kleinods im südlichen Schwarzwald jetzt nur eine Nebenrolle spielen sollen: Zum einen wird es das über 700 Jahre alte eindrucksvolle Benediktinerkloster sein, dem der Ort seinen Namen verdankt, und das viele Besucher in seinen Bann zieht. Der andere Grund ist gottlob eher weltlicher Natur. Es ist die „Sonne" der Familie Rombach.

In St. Peter liegen kirchlicher Glaube und weltliche Anschauung eben noch sehr eng beieinander. Das Leben ist hier beschaulich und bietet dem Gast direkt im Schatten der mächtigen Klostertürme angenehme kulinarische Genüsse, die vortrefflich in das Bild intakter Natur und Schwarzwälder Gastfreundschaft passen. Sich verschrieben, Vortreffliches für Leib und Seele bereitzuhalten, hat ein Bürger des Ortes: Es ist der Chef der „Sonne", Hans-Peter Rombach. Nach lehrreichen Wanderjahren, die ihn unter anderem zu Lothar Eiermann in das Restaurant „Friedrichsruh" und ins Gourmet-Restaurant „Chesa Pirani" nach St. Moritz führten, hat es den Koch vor einem Dutzend Jahren wieder zurück in den elterlichen Betrieb gezogen. Eigene Vorstellungen und das, was er in den berühmten Häusern der Kollegen gelernt hatte, wollte Hans-Peter Rombach in der Heimat in die Tat umsetzen – und es ist ihm wahrlich gelungen. Wenige Jahre nach seiner Rückkehr haben ihm seine Künste am heimischen Herd erstmals 1993 einen der heiß begehrten Sterne des Michelinführers beschert. Seitdem verteidigt ihn Hans-Peter Rombach erfolgreich.

Was ihm und seiner Haubencrew besonders am Herzen liegt? „Es ist das Wandern zwischen den Welten", antwortet der Küchenchef und meint damit die Haut Cuisine auf der einen, und die Heimat verwurzelte regionale, badische Küche auf der anderen Seite. Gelegentliche Einsprengsel aus dem asiatischen Lebensraum wirken hier nicht aufgesetzt. Sie sind aber Ausdruck ungebremster Experimentierfreude und dokumentieren die Vorliebe der Rombachs für neue, ungewöhnliche Geschmackserlebnisse. Ein Blick in die Karte verrät jedoch eindeutig die Dominanz regionaler Spitzenprodukte, die in der „Sonne" einfach raffiniert zubereitet werden.

Das hat auch damit zu tun, dass Hans-Peter Rombach, gemeinsam mit fünf Kollegen, „der Natur auf der Spur" ist. So heißt ein Zusammenschluss kreativer Gastronomen, die eine Brücke schlagen wollen zwischen

Hotel Restaurant „Zur Sonne"
Familie Rombach

Zähringer Straße 2
D-79721 St. Peter

Telefon: 00 49 (0) 76 60 / 94 01-0
Telefax: 00 49 (0) 76 60 / 94 01-66

Ruhetage:
Montag, Dienstag bis 18 Uhr

Jakobsmuscheln mit Peperoni, Pastinakenpüree und Aalsirup
Für 4 Personen

Zutaten

20 Jacobsmuscheln (geputzt),
500 g Pastinakengemüse,
1 frischer Aal (enthäutet),
300 ml Sojasauce, 80 g Honig,
80 ml Balsamicoessig,
100 ml Sahne,
100 ml Olivenöl,
60 g Schalotten und
2 Peperoni gewürfelt,
50 ml Limonensaft
50 ml Limonenolivenöl,
1 Knoblauchzehe (zerdrückt),
1 Bd. Gartenkräuter
Salz, Pfeffer, Muskat, Zucker,
Szechuan-Pfeffer

der Ursprünglichkeit des ländlichen Lebens und den feinen Genüssen hochwertiger Kochkunst. „Das Ergebnis ist eine einzigartige Frischküche", unterstreicht Hans-Peter

Rombach. Bei ihm wird vom Brötchen bis zur Kirschwassertrüffel alles im eigenen Haus und von Hand zubereitet.

Zubereitung

Aalsirup: Häute und Kopf vom Aal in 5 cm lange Stücke schneiden, unter dem Salamander bei Oberhitze ca. 45 Min. kräftig rösten; die Aalstücke in Sojasauce, Honig und Essig bei 70° reduzieren; den entstandenen Sirup durch ein Sieb passieren; Pastinakenpüree: Gemüse fingerdick würfeln, mit Sahne, Salz, Pfeffer und Muskat weichkochen; durch ein Sieb streichen; (vor dem Anrichten abschmecken und erwärmen) Peperonivinaigrette: Peperoni halbieren, entkernen, mit Schalotte, Knoblauch, Limonensaft und Limonen-Olivenöl zusammenrühren; mit Salz, Zucker und fein gehackten Gartenkräutern abschmecken; Jakobsmuscheln mit Salz und Szechun-Pfeffer beidseitig würzen, von jeder Seite ca. 1 Min. goldgelb braten; das warme Pastinakenpüree zu kleinen Nocken abstechen und abwechselnd mit den Peperoni und dem Aalsirup anrichten.

GASTHAUS „ZUM ADLER"

„Gott geb' allen Menschen ein Streben nach Wahrheit. Dann bleibt nach dem Weine die Echtheit und Klarheit. Gott spende des Sonnenlichts sonnigsten Strahl den Blüten der Reben im Glottertal", reimte Heimatdichter Victor von Scheffel zu einer leider nicht überlieferten Zeit, die allerdings nicht zu weit zurückliegen dürfte. Denn noch heute stehen Reben und Sonne üppig in jener malerischen Tallandschaft südöstlich Freiburgs, die wegen ihrer TV-Präsenz in deutschen Wohnzimmern einen bleibenden Eindruck hinterlassen hat.

Eine ideale Landschaft, wie geschaffen für die herzliche Gastfreundschaft von Stephanie Langenbacher, der Wirtin vom Gasthaus „Zum Adler" in Glottertal. Hier verbreitet sie Wohlgefühl und verwöhnt ihre Gäste in urgemütlichen Stuben. Geboten wird alles, was Wälder, Wiesen und Flüsse an Genüssen hervorbringen, zubereitet von Richard Dutter, einem Küchenmeister, bei dem die Kunst des Kochens noch von „Können" kommt.

150 Jahre jung ist das Gasthaus, dessen äußeres Erscheinungsbild mühelos an die Vorstellungen anknüpft, die man sich von einem Gasthof im Schwarzwald gemeinhin macht: Ein Gasthaus mit rustikalen Hölzern aus den umliegenden Wäldern und mächtigen Steinmauern, die der bisweilen rauen Witterung trotzen und an denen sich in den warmen

Monaten grüne Pflanzen emporranken. Noch typischer ist das, was den Gast im Inneren des „Adler" erwartet. Urige, original holzvertäfelte Gaststuben mit heimeligen Kachelöfen, die wie zu Großvaters Zeiten mit Holz befeuert werden und im Winter eine wohlige Wärme verströmen; dazu eine Küche Schwarzwälder Prägung, die neben regionalen Spezialitäten genug Freiräume für moderne Kreationen lässt.

Ochsenfleisch, Lammhaxen, eingelegtes Rehragout, badischer Sauerbraten und „Adlerwirtins Schneckenpfännle" finden sich auf

Gasthaus „Zum Adler"

Stephanie Langenbacher

Talstraße 11
D-79286 Glottertal

Telefon: 00 49 (0) 76 84 / 90 87- 0
Telefax: 00 49 (0) 76 84 / 90 87- 66

der Karte von Richard Dutter ebenso wie
Eglifilets vom Bodensee und die Forelle aus
Schwarzwälder Gewässern. Im Frühling ein-
heimischer Spargel und Gitzi, im Herbst
und Winter haben Wildgerichte wie Wild-
enten, Fasan „Winzerin Art", Rebhühnchen,
Rehrücken und ab dem Martinstag, der am
Tisch tranchierte Gänsebraten Vorrang.
Daneben genießt das Wiener Schnitzel einen
legendären Ruf, weil es, wie es sich gehört,
von Tellerrand zu Tellerrand reicht – eine
Tatsache, die ehemalige wie aktuelle Studenten aus der Breisgaumetropole wie eh

und je mit Entzücken zur Adlerwirtin pilgern lassen. Nicht zu vergessen die reich-
haltige Verperkarte und die selbst gebrann-
ten Schnäpse für die jederzeit willkomme-
nen Wanderer, die bei schönem Wetter
gerne auch im idyllischen „Adler-Gärtle"
Einkehr halten.
Nach dem Genuss eines köstlichen Mahles,
begleitet von Glottertäler Weinen aus besten
Lagen, empfiehlt sich eine erholsame Nacht-
ruhe in einem der zwölf Gästezimmer des
„Adler".

Jagdfasan „Winzerin Art"

Zutaten

2 küchenfertige Fasane,
gerupft, gewaschen und mit
Speckscheiben umwickelt,
4 Schalotten, 1 Karotte,
1 Petersilienwurzel, 1/2 Lauch,
Traubenkernöl, 6 Nelken,
6 Wacholderbeeren, Pfeffer,
je 1/4 l Spätburgunder
und Weißwein,
je 1/2 l Geflügelfond und
Gemüsebrühe,
1 El Schmalz,
gespickte Zwiebel,
1 El Tomatenmark,
1 kg Sauerkraut

Zubereitung

Die vorbereiteten Fasane gut anbraten, anschließend bei 170° im Ofen
ca. 45 Min. garen, herausnehmen und
warmstellen; Bratensatz mit dem
Rostgemüse andünsten, mit Tomatenmark ablöschen und reduzieren; mit
Fond und Spätburgunder auffüllen,
köcheln, passieren und auf halbe
Menge reduzieren;
Sauerkraut waschen, Schalotten in
Schmalz andünsten, Sauerkraut zugeben, mit Gemüsebrühe auffüllen,
Weißwein und Gewürze zugeben, ca.
25 Min. dünsten, mit Salz, Pfeffer und
einer geriebenen Kartoffel abschmecken;
Fasane halbieren, nochmals in Butter
knusprig anbraten, auf Sauerkraut
anrichten und mit Speckscheiben und
Trauben garnieren.
Dazu passt Kartoffelpüree.

KULINARISCHE EMPFEHLUNGEN

KULINARISCHE EMPFEHLUNGEN

Restaurant Hotel „Krone"   86
Riehenstraße 92
D-79594 Inzlingen
Telefon: 00 49 (0) 76 21/22 26
Telefax: 00 49 (0) 76 21/22 45
info@krone-inzlingen.de
www.krone-inzlingen.de

Landhotel und Gasthaus „Krone"   58
Hauptstraße 7
D-79423 Heitersheim
Telefon: 00 49 (0) 76 34/51 07-0
Telefax: 00 49 (0) 76 34/51 07-66
info@landhotel-krone.de
www.landhotel-krone.de

Hostellerie Abbaye „La Pommeraie"   30
8, avenue du Maréchal Foch
F-67600 Sélestat
Telefon: 00 33 (0) 388/92 07 84
Telefax: 00 33 (0) 388/92 08 71
pommeraie@relaischateaux.com
www.relaischateaux.com/pommeraie

Hotel „Le Maréchal" und Restaurant „A l'Echevin"   26
4-6 Place des Six Montagnes Noires
F-68000 Colmar
Telefon: 00 33 (0) 3 89/41 60 32
Telefax: 00 33 (0) 3 89/24 59 40
marechal@calixo.net
www.hotel-le-marechal.com

Les Foies Gras de Liesel   34
3, Route de Bergheim
F-68150 Ribeauvillé
Telefon: 00 33 (0) 3 89/73 35 51
Telefax: 00 33 (0) 3 89/73 35 83
liesel@alsace-foiegras.com
www.alsace-foiegras.de

Landgasthof „Maien"   78
Dorfstraße 49
D-79539 Lörrach-Tüllingen
Telefon: 00 49 (0) 76 21/27 90
Telefax: 00 49 (0) 76 21/27 66
GasthausMaienLoe@aol.com
www.maien-loerrach.de

Maison Ferber   44
18, rue des Trois Epis
F-68230 Niedermorschwihr
Telefon: 00 33 (0) 3 89/27 05 69
Telefax: 00 33 (0) 3 89/27 48 03

Restaurant „Martin"   110
Hauptstraße 94
CH-4112 Flüh
Telefon: 00 41 (0) 61/7 31 10 02
Telefon: 00 41 (0) 61/7 31 11 03

Hotel Restaurant „Mühle"   74
D-79589 Binzen
Telefon: 00 49 (0) 76 21/60 72-73
Telefax: 00 49 (0) 76 21/6 58 08
Hotel.Muehle.Binzen@t-online.de
www.muehle-binzen.de

Gasthof „Ochsen" Feldberg   62
Bürglenstraße
D-79379 Feldberg-Müllheim
Telefon: 00 49 (0) 76 31/35 03
Telefax: 00 49 (0) 76 31/10 93 5

Gasthaus „Rebstock"   68
Kanderner Straße 21
D-79588 Efringen-Kirchen/Egringen
Telefon: 00 49 (0) 76 28/90 37-0
Telefax: 00 49 (0) 76 28/90 37-37
gasthaus@rebstock-egringen.de
www.rebstock-egringen.de

Winzerhaus „Rebstock"   18
Badbergstraße 232
D-79235 Vogtsburg-Oberbergen
Telefon: 00 49 (0) 76 62/9 40 66
Telefax: 00 49 (0) 76 62/94 93 74

Ringlihof   126
Katzental 3
D-79289 Horben
Telefon: 00 49 (0) 761/2 95 83
Telefax: 00 49 (0) 761/2 90 71 90

Restaurant „Schloss Binningen"   106
Schlossgasse 5
CH-4102 Binningen
Telefon: 00 41 (0) 61/4 21 20 55
Telefax: 00 41 (0) 61/4 21 06 35
wdammann@schloss-binningen.ch
www.schloss-binningen.ch

Schutzverband der Schwarzwälder Schinkenhersteller e.V.   134
Sebastian-Kneipp-Straße 50
D-78048 Villingen-Schwenningen
Telefon: 00 49 (0) 77 21/5 10 59
Telefax: 00 49 (0) 77 21/10 77
info@schwarzwaelder-schinken-verband.de
www.schwarzwaelder-schinken-verband.de

VERZEICHNIS DER REZEPTE

KULINARISCHE ENT

...DURCH DIE SCHÖNS

ISBN 3-8295-6409-0

ISBN 3-8295-6402-3

ISBN 3-8295-7309-X

ISBN 3-8295-7301-4

ISBN 3-8295-6411-2

ISBN 3-8295-6413-9

ISBN 3-8295-6418-X

ISBN 3-8295-6416-3

ISBN 3-8295-6417-1

ISBN 3-8295-6415-5

ISBN 3-8295-6424-4

ISBN 3-8295-6423-6

DECKUNGSREISEN...
TEN URLAUBSREGIONEN

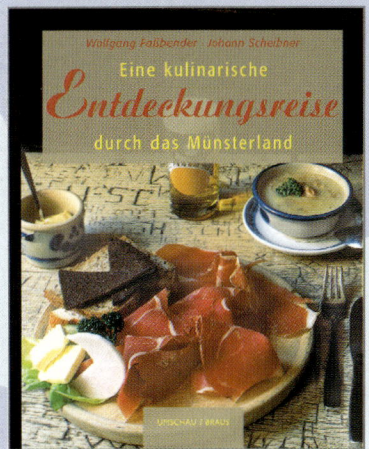

ISBN 3-8295-6412-0

ISBN 3-8295-6410-4

ISBN 3-8295-7303-0

ISBN 3-8295-7302-2

ISBN 3-8295-6420-1

ISBN 3-8295-6421-X

ISBN 3-8295-7308-1

ISBN 3-8295-7304-9

ISBN 3-8295-6419-8

Angaben für alle Titel:
Hardcover – 24 x 30 cm – Fadenheftung – ca. 160 Seiten –
ca. 300 Farbfotos – 1 Karte.

Alle Titel erhalten Sie bei Ihrer örtlichen Buchhandlung. Für weitere Informationen über unsere Reihe
wenden Sie sich direkt an den Verlag:

Umschau Buchverlag
Brüningstraße 580
D-65929 Frankfurt am Main
Telefon 069/26 00 551
Telefax 069/26 00 559
e-mail: info@umschau-buchverlag.de
www.umschau-buchverlag.de

IMPRESSUM

© 2003 Neuer Umschau Buchverlag GmbH, Neustadt a. d. Weinstraße
2. Auflage 2004

Gestaltung und Satz
Tischewski & Tischewski, Marburg

Reproduktionen
Lithotronic-Media, Frankfurt

Fotos
Johann Scheibner, Berlin

Texte
Gustav Buchal, Achern
Silke Keil, Biberach

Karte
Elsner & Schichor, Karlsruhe

Herausgeberin
Katharina Többen, Neckargemünd

Druck und Verarbeitung
Druckerei Egedsa, Sabadell

Printed in Spain
ISBN: 3-8295-7309-X

Titelfotografie
Pot au Feu von der Poularde mit Safran und Trüffel,
Hotel Gasthof „Bad Schauenburg" in Liestal

Wir bedanken uns für die uns freundlicherweise zur Verfügung
gestellten Fotos bei:
Hotel „Le Maréchal" und Restaurant „A l'Echevin" (S. 26 oben und
27 oben), Weingut Becker (S. 38, 39), Château d'Isenbourg (S. 46 oben),
Hotel-Gasthof „Kreuz-Post" (S. 56 oben), Restaurant Landhotel „Alte
Post" (S. 60), Gasthof „Ochsen" (S. 62 unten), Erste Markgräfler Winzergenossenschaft Schliengen-Müllheim e.G. (S. 64 unten), Weingut
Blankenhorn (S. 66, 67), Werbegemeinschaften (S. 70), Collection CIVA
COLMAR, (S. 71, Foto: P. Bouard), Der Teufelhof Basel – Das Kultur-
und Gasthaus (S. 101 oben, Foto: Claude Giger), Gasthof „Zum Goldenen Sternen" (S. 102/103 unten), Restaurant „Schloss Binningen"
(außer S. 107 unten), Colombi Hotel (S. 121 oben), Zähringer Hof
(S. 128 oben), Berghotel „Wiedener Eck" (S. 130 oben), Schutzverband
der Schwarzwälder Schinkenhersteller e.V. (S. 134, 135)